AF469877

ESTAMPES

LIVRES A FIGURES, ANGLAIS

ET AUTRES

Recueils, Proverbes de Lagnet, Catalogues avec prix, Vignettes, Ornements, Pièces historiques, Costumes, Vues de Silvestre, etc.

PORTRAITS

ÉCOLE FRANÇAISE, XVIIIe SIÈCLE

DEUX TABLEAUX & quelques DESSINS

EXPOSITION le 16 Février.

VENTE

Les 17, 18, 19 Février 1862.

Me DELBERGUE-CORMONT,
Commissaire-Priseur.

M. VIGNÈRES,
Marchand d'Estampes.

PARIS — 1862

PORTRAITS EN BISTRE

Collection de Portraits inédits ou rares de Personnages célèbres

REPRODUITS NOUVELLEMENT PAR LA GRAVURE

Publiés par VIGNÈRES, marchand d'Estampes

Rue de la Monnaie, 13, à l'entresol, entrée rue Baillet, 1.

Albany (Louise-Max. de Stolberg, comtesse d'),	Gravée par Varin.
Amoros, colonel, fondateur de la gymnastique en France,	id.
Argout (Antoine-Maurice-Apollinaire, comte d'),	J. Porreau.
Babeuf (F.-N.-Gracchus), journaliste,	id.
Barère (Bertrand), de Vieuzac, conventionnel,	id.
Beauharnais (comtesse Stéphanie de), poëte, romancière,	Sisco.
Berruyer, général, commandant des Invalides,	J. Porreau.
Bertrand de Molleville, marquis, ministre, littérateur,	id.
Bievre (marquis de), célèbre auteur de calembours,	id.
Blanchard (Madeleine-Sophie-**Armand**, Madame), aéronaute,	id.
Bonjour (Casimir), auteur dramatique.	id.
Borghèse (Camille Philippe Louis), prince.	id.
Bossut (Charles), mathématicien,	id.
Brazier (Nicolas), auteur dramatique, d'après Marlet.	id.
Brissot (J.-P.), de Varville, conventionnel,	id.
Canclaux (J.-B. Camille, comte de), général, pair,	id.
Cayla (comtesse de), née Talon, d'après le baron Gérard,	Massard.
Clouet dit **Janet** (François), peintre de portraits,	J. Porreau.
Cochon, comte de l'**Apparent**, conventionnel, ministre,	id.
Debureau, acteur des Funambules, Pierrot,	id.
De Fermont (comte), député, conseiller d'État,	id.
Devienne, actrice, Théâtre-Français,	Normand.
Donadieu, baron, général de division,	J. Porreau.
Dorat-Cubières Palmezeaux, poète, auteur dramat.	id.
Droz (Joseph), littérateur, académicien,	id.
Duchesne aîné, conservateur du cabinet des estampes,	id.
Ducos (Roger), avocat, constitut., 3e consul provisoire,	id.
Elie de Beaumont, avocat au Parlement de Paris,	Devritz.
Empis (Adolphe), auteur dramatique,	J. Porreau.
Epagny (d'), poëte dramatique,	id.
Fabre de l'Aude (comte), député, pair, littérateur,	id.
Fievée (J.), littérateur, auteur dramatique,	id.
Fréron (Louis-Stanislas), conventionnel,	id
Frochot, comte, préfet, député,	id.
Garnerin (A.-J.), inventeur du parachute,	id
Garnerin (Élisa), aéronaute,	id.
Gaudin, duc de Gaëte, ministre des finances,	id.
Genlis (A. Brulard, comte de) cap. des gardes, convent.,	id.
Geoffroy (J.-L.), critique, journaliste,	id.

Godoi (don Manuel), prince de la Paix, Varin.
Gouffé (Armand), chansonnier, vaudevilliste, J. Porreau.
Guimard (Mademoiselle), danseuse, id.
Jouffroy (Théodore-Simon), professeur, académicien, id.
Jousselin de Lasalle, homme de lettres, id.
Kant (Emmanuel), philosophe allemand, Bracquemond.
Lainé (J.-H., vicomte), ministre et académicien, J. Porreau.
Lamballe (princesse de), dess. d'ap. nature par Gabriel, id.
Lasource (M.-David-Albin de), député du Tarn, id.
Lavallière (L.-F. de la Baume, duchesse de), id.
Lucotte (Edme-Aimé), lieut.-général, comte, né à Dijon, id.
Marat, à la tribune, dess. d'après nature par Gabriel, id.
Martin (Louis-Aimé), littérateur, id.
Mazères (Édouard), auteur dramatique, id.
Mesmer, auteur du magnétisme animal, id.
Mezerai, actrice, Théâtre-Français, Normand.
Orléans, duc de Montpensier (Ant.-Philippe d'), 1773-1807. J. Porreau.
Persuis (L. Loiseau de), musicien, d'ap. Pierre Guérin, id.
Petiet (Claude), député, ministre de la guerre, id.
Philidor (André Danican), musicien, auteur du jeu d'échecs, id.
Pilon (Germain), sculpteur, 1550, id.
Pixerécourt (Guilbert de), fac-simile, d'après J. Boilly, in-4. id.
Pongerville (Samson de), académicien, id.
Pontus de la Gardie, général en Suède, id.
Ramel-Nogaret, Ministre des finances, préfet, id.
Reveillère-Lepaux, botaniste, théophilanthrope, id.
Robert-Lindet, député, conventionnel, ministre, id.
Romme (Gilbert), conventionnel, id.
Rouget de L'Isle, auteur de *la Marseillaise*, musicien, Varin.
Saint-Huruge (marquis de), J. Porreau.
Saint-Prix, acteur, Comédie-Française, id.
Saint-Simon (Claude-H , comte de), philosophe, Perrot.
Silvain Maréchal, poète et littérateur, Devritz.
Tallien (Madame), née Cabarus, d'après le baron Gérard, Massard.
Treilhard (J. B., comte), député, ministre, etc., J. Porreau.
Tronson du Coudray, avocat, du Conseil des Anciens. id.
Vadier (A.), député aux États-Généraux, id.
Vatout (J.), poète, académicien, bibliothécaire, Varin.
Vigée (L.-G.-B.-E.), poète et auteur dramatique, J. Porreau.
Cartouche (Louis-Dominique), fameux voleur. Lallemand.
Mandrin (Louis), fameux contrebandier, Delaistre.

Chaque portrait pouvant entrer dans un in-8 est tiré in-4.
Avec la lettre, papier blanc, 1 fr.; papier de Chine, 1 fr. 25 c.
Avant la lettre, papier blanc, 1 fr. 50 c.; papier de Chine, 2 fr.
Dont il n'est tiré que 20 épr. blanc et 5 Chine.

Afin de faciliter les recherches des amateurs de portraits, soit pour les illustrations, soit pour les collections d'autographes ou autres, *deux Catalogues détaillés* de quelques collections de portraits qui peuvent se trouver chez moi, classés par ordre alphabétique, sera remis aux personnes qui en feront la demande affranchie.

Paris. — Imprimerie Renou et Maulde, rue de Rivoli, 144. 9229

				papier monnaie		22 %			
Laclotûre	payé	1085		14	25	238	70	832	05
Evans		1071	25	16	75	235	65	818	85
Durand et Barandier	payé	580	75			127	75	453	..
Xavier	payé	463	25			101	90	361	35
Moureaux	payé	244	25	3	25	53	70	187	30
Berger	payé	229	75		75	50	55	178	45
Desmousseau n°2.	payé	200	..			44		160	
Labanof	[illegible] en Mai (161)	196	..		50	43	15	152	35
Detouche	payé	176	25		50	38	80	136	95
Joncourt	payé	147	50	3	75	32	45	111	30
Parquez	payé	93	75			20	65	73	10
Louichon n°67.	payé	90				19	80	70	
Spronck 7. av. v.	paye	87				19	15	67	85
Rapilly	payé	63	50			14		49	50
Gasc	payé	33				7	30	25	70
Schroth au fils Descartes	payé	32	25			7	10	25	15
Dumonté	payé	22	25		50	4	90	16	85
Corrard de Breban	diminué sur son Bordereau	9				2		7	
Mme Cain	payé	4					90	3	10
Renaut	payé	7				1	55	5	45
Ledard	payé	13				2	90	10	10
Dutron	payé	17				3	75	13	25
Baudet	payé	19			60	4	20	14	20
Henrotte n°174	diminué de son Compte	22				4	85	17	15
Gihaut	payé	14	25			3	15	11	10
Nicolas	payé	31				6	85	24	15
Watter n° 33 a M. Delbergue	payé	60			25	13	20	46	55
HN.		365	50			80	40		

CATALOGUE

D'ESTAMPES

ANCIENNES & MODERNES

LIVRES A FIGURES, ANGLAIS ET AUTRES

Recueils, Proverbes de LAGNET,
Catalogues avec prix, Vignettes, Ornements, Pièces historiques, Costumes,
Vues de SILVESTRE, etc.,

PORTRAITS

De personnages célèbres

ÉCOLE FRANÇAISE, XVIIIe SIÈCLE

ET PIÈCES EN COULEUR

DEUX TABLEAUX ET QUELQUES DESSINS

Formant le Cabinet de M. LEX...

DONT LA VENTE AUX ENCHÈRES PUBLIQUES AURA LIEU

HOTEL DES COMMISSAIRES-PRISEURS

Rue Drouot, nº 5

SALLE Nº 3, AU 1er ÉTAGE

Les Lundi 17 Mardi 18 et Mercredi 19 Février 1862

A UNE HEURE PRÉCISE.

Par le ministère de Me **DELBERGUE-CORMONT**, C^{re}-Priseur,
rue de Provence, 8,

Assisté de M. **VIGNÈRES**, marchand d'Estampes,
rue de la Monnaie, 13, à l'entresol, entrée rue Baillet, 1,

Chez lequel se distribue le Catalogue.

EXPOSITION PUBLIQUE
Le Dimanche 16 Février, de une heure à quatre heures.

1862

ORDRE DES VACATIONS

Première Vacation. — LUNDI 17.

Estampes anciennes	3 à 48
Estampes modernes	49 à 87
Vignettes	88 à 105
Livres à figures	106 à 201

Deuxième Vacation. — MARDI 18.

Portraits par graveurs	202 à 340
Portraits par noms	341 à 394

Troisième Vacation. — MERCREDI 19.

Pièces historiques	395 à 415
Vues de PERELLE, SILVESTRE	416 à 453
Ornements, LEPAUTRE	454 à 470
École française, XVIIIe siècle	471 à 561
Pièces en couleur	562 à 594
Tableaux	1 et 2
Dessins	595 à 612

Les lots ne formant pas suite complète pourront être divisés.

CONDITIONS DE LA VENTE

Au comptant.

CINQ pour CENT en plus des enchères applicables aux rais.

M. VIGNÈRES, faisant la vente, se charge des commissions.

S. albin 61

Lecouchin 16

Gegen 10. [illegible] 30

DÉSIGNATION

TABLEAUX

HUET.

1 Dindon faisant la roue, pigeon, poule et ses poussins. Charmant tableau sur toile.

R. TOURNIÈRE PÈRE. 1734.

2 Portrait de GRÉGOIRE DE SAINT-GÉNIEZ, consul de France en Chypre, consul de Marseille et son député du commerce à Paris, maître-d'hôtel de la reine, aïeul maternel de M. Alex.-Victor de Saint-Amand. (Ancienne note manuscrite au revers) Très belle peinture sur panneau dans un cadre riche, en bois sculpté et doré.

ESTAMPES ANCIENNES

3 **Aldegraver.** Les quatre Évangélistes assis sur des nues, gravés en 1539, d'après les dessins de G. Pencz. B. 57 à 60. 4 p. Sup. ép.

4 **Andrea** (Zoan). La Danse des quatre femmes. B. 18.

5 **Avond** (P.-V.). Enfants jouant de la musique. 5 p.

6 **Baroche.** L'Extase de saint François. Belle.

7 **Bazin**. Christ au roseau, d'ap. Mignard.

8 **Beatrizet** (N.). Buste de Tite-Live. B. 7. Belle ép.

9 **Beauvarlet**. Actéon métamorphosé en cerf, d'ap. Rottenhamer.

10 **Bol** (Ferdinand). Le Sacrifice d'Abraham. B. 1. Très-belle ép.

11 **Bolswert** (S. à). Assomption de la Vierge, d'ap. Rubens. Superbe ép. Premier état, avec *Martin Van den Enden*.

12 — La Pêche miraculeuse, d'ap. Rubens. Grande et belle p. en 3 feuilles.

13 **Bonasone** (J.). La déesse Flore avec ses Nymphes, faisant des couronnes. B. 111.

14 **Durer** (A.). Le groupe des quatre femmes nues. B. 75. Le coin gauche en bas est coupé. Encadré.

15 — La Pandore, ou Grande Fortune. B. 77. Belle ép.

16 **Dusart** (Corneille). Le Joueur de violon assis. B. 15. Belle.

17 **Earlom**. A. Fruit pièce ; — A. Flower pièce. 2 p. d'ap. Van Huysum. Très-belles ép. Encadrées.

18 **Edelinck**. Sainte Famille, d'ap. Raphaël. Très-belle ép. avec les armes de Colbert. R. D. 4.

19 **Franco** (Batista). Moïse frappant le rocher. B. 2. ép. avant *Franco forma*.

— Sainte Famille avec saint Jean. B. 29.

20 **Ghisi** (Adam) Deux Amours montés sur des Dauphins, d'ap. J. Romain. B. 13.

— Hercule, vu de dos, portant sa massue. B. 15.

M 38

N. 15

Parguez 30

Hennett
les Jacinto

Henr 6 Berenger 10. M. 9.

Henriette
l'avoir M. 24. Baudicour 12

21 **Gouwen** (G. Van der). La Baleine échouée à Schvelingue en 1598.

22 **Hollar.** 1646. Muscarum scarabé. 12 papillons de la collection d'Arundel. Belles ép.

23 **Le Clerc** (Séb.). Machines pour élever les grandes pierres du Louvre, Arc-de-Triomphe de la Porte-Saint-Antoine, la Pentecôte, Cléopâtre, devises des tapisseries, etc. 27 p.

24 — Réduction de la ville de Marsal en Lorraine, feu d'artifice, diverses figures, oraison funèbre de la reine, figures des saints, etc. 101 p.

25 — Apothéose d'Isis, histoire de Ximenès, faubourgs de Paris, Puer parvulus, Batailles d'Alexandre, etc. 34 p.

26 — Petites conquestes, lettres ornées, histoire de Charles V et autres pièces diverses. 93 p.

27 **Le Sueur** (d'ap.). Alexandre le Grand malade et son Médecin, par B. Audran. Sup. ép.

28 **Louys** (J.). Résurrection de Lazare, d'ap. Liévens. Sup. ép.

29 **Lucas de Leyde.** Jésus-Christ présenté au peuple. B. 71. C'est une des pièces considérables du maître.

30 — Retour de l'Enfant prodigue. B. 78. Belle ép.

31 **Natalis.** Saint Bruno en prières reçoit le rayonnement du Saint-Sacrement. Sup. ép. d'ap. Bertholet.

32 — L'Assemblée des illustres Chartreux, d'ap. Bertholet-Flemal. Très-Grande pièce en 6 feuilles jointes, représentant 47 chartreux en pied, assis; au ciel, la Vierge dans une gloire d'anges. Très-rare.

33 **Raimondi** (Marc-Antoine). Le Massacre des Innocents avec le *chicot*. B. 18. Très-belle ép. (Elle a subi des restaurations.)

34 — L'Espérance. B. 391. — Le jeune et le vieux Bacchant. 294.

35 **Raphaël** (d'ap.) Vierge et Jésus, par Romanet. — La Sainte-Vierge, par Larmessin. 2 p.

36 **Ravenne** (Marc de). Laocoon. B. 243. Belle ép. avant *Ant. Sal. exc.*

37 — Vénus et l'Amour portés sur des dauphins. B. 324. *Gio Marco Paluzzi, formis Romæ.*

38 — L'Homme se tirant une épine du pied. B. 480. Très-belle ép.

39 **Rousselet**. *Ma Phillis est si bien dépinte*, femme peignant le portrait d'une autre femme, un homme joue de la guitare, d'ap. *Jean Lis.* Sup. ép. avec jolis costumes du temps et vers au bas.

40 — Diane, — Endymion. 2 p. Sup. ép.

41 **Rubens** (d'ap.). Méléagre présentant la hure du sanglier à Atalante, par C. Bloemaert. Belle ép.
— Le Jugement de Salomon, par B. à Bolswert.
— Par S. à Bolswert, Annonciation.
— Sainte Famille à l'oiseau.
— Sainte Famille au mouton.
— Les Trois Croix.
— Des Ames délivrées du Purgatoire par l'intercession de sainte Thérèse de Jésus.
— Assomption de la Vierge.
✶ Mort de saint Antoine, par P. Clouet.
— Jésus portant sa croix, par Lauvers.
✶ Judith chez Le Bas.

M. 12. Rol 10

M. 12

ensemble 10 ... p. 52.

M.

M

M. 20

M

M.

M.12

M. 12

Rubens. Daniel dans la fosse aux Lions, par de Leuw. Très-belle ép. avant toute lettre, sur satin.

— Adoration des Mages, par Lommelin.

— Aglaure découvrant Erichtonius dans la corbeille, par Soutman.

— Loth et ses filles, par Swanenburg.

— Par J. Witdoeck : Sainte Famille.

— Assomption.

✶ Satyre et Satyresse tenant des fruits, par A. Voet.

✶ Loth sortant de Sodome, par Vorsterman.

— Fuite en Égypte.

— Adoration des Mages.

— Le même, retouché et la planche réduite.

Ces 22 p. formeront plusieurs lots.

42 **Rubens** (d'ap.). Les Grâces présidant à l'éducation de la jeune reine. Sup. ép. avant la lettre.

43 **Rugendas** (Ch.). Scènes de camps, combats de cavalerie, etc. 24 p. avec ton. Toute marge.

44 **Strange.** Vénus, — Danaé. 2 p. d'ap. Titien. Sup. ép.

45 **Thomassin.** La Mélancolie, d'ap. Féti.

46 **Vénitien** (Aug.). L'Homme portant la base d'une colonne. B. 476. Belle.

47 **Vignon** (d'ap.). Les Quatre Parties du Monde. Quatre groupes de femmes et enfants à mi-corps.

48 **Vitdouc.** La Grande Élévation en Croix. Très-grande p. en 3 feuilles.

ESTAMPES MODERNES & LITHOGRAPHIES

49 **Bertonnier**. Christ au roseau, d'ap. le Guide. Ép. in-8, avant la lettre, Chine, signée par l'artiste.

50 **Charlet**. Sujets choisis. La plupart sur Chine. 8 p.

51 **Desjardins**. Le Billet de Logement, — la Déclaration soufflée, d'ap. Guillemin. 2 p.

52 **Desnoyers**. La Danse des Nymphes, d'ap. Van der Verf. Très-belle ép. Toute marge.

53 **Duclos** (de Lyon). Eaux-fortes d'animaux, bestiaux. 18 p. sur chine et sur blanc.

54 **Dupré** (Jules). Le Jeune pâtre. Eau-forte sur Chine.

55 **Durand**. Musidora, charmante baigneuse, gravée a New-York en 1825. Très-belle ép.

56 **Fauchery**. La Joconde, d'ap. Léonard de Vinci. Très-belle ép. avant la lettre. Encadrée.

57 **Fauchery**. Vœu à la Madone, d'ap. Schnetz.

58 **Folo**. Mater amabilis, d'ap. Sasso-Ferrato.

59 **Fragonard** (d'ap.). Henri IV, Sully et Gabrielle. — La Leçon d'Henri IV. 2 p. Très-belles. Toute marge.

60 **Géricault**. Passage du Mont-Saint-Bernard. Les chevaux qui se mordent et autres. 8. p. par et d'après, etc.

61 **Girard**. Rebecca enlevée par le Templier, d'ap. Coignet.

62 **Girodet** (d'ap.). Les Amours des Dieux. 16 pl. sur Chine, lithog. par ses élèves.

St George [illegible]

Dubois 100. m. 24

Perrage 7

– 8

– 7

– 8

63 **Lalaisse.** Campagne d'Italie, 1859. 3 p. encadrées.

64 **Laugier.** Sainte Anne, la Vierge et Jésus, d'ap. Léonard de Vinci.

65 **Le Dieu** (Ph.). Les Chiens sortant du chenil. — Le Cerf aux abois. 2 gr. et belles p. en manière noire, avant toute lettre.

66 **Léopold Robert.** Étude d'après nature. Académie d'homme par ce maître quand il était graveur. Sup. ép. Toute marge.

67 **Lorichon.** Sainte Famille, d'ap. Raphaël ; le petit Jésus bénit le petit saint Jean. Sup. ép. avant la lettre d'une des belles productions de la gravure moderne.

68 **Mar** (Léopold). Sainte Cécile, d'ap. Dominiquin.

69 **Mauduison.** Vierge de Bridgewater. Ép.; le nom d'artiste à la pointe.

70 **Monnier** (Henri). Grisettes, Jadis, Aujourd'hui. Esquisses parisiennes, Pasquinades, etc. 17 p.

71 **Monnier** (Henri). Chansons de Béranger. Petit format et in-4. Coloriées. 16 p.

72 — Mœurs administratives, Galerie théâtrale, etc. 15 p., noir et couleur.

73 — Grisettes, Théâtre des Variétés. 20 p., dont 16 en couleur.

74 **Mote.** Wilkie funeral, d'ap. Jones. Lettre grise, Chine.

75 **Potter** (d'ap. Paul). Le Taureau, par Masquelier, et autres compositions. 3 p.

76 **Pound.** Vénus, d'ap. Titien. Toute marge.

77 **Prud'hon** (d'ap.). Le Zéphir, par Laugier. — La Famille indigente, par Caron. 2 p. Toute marge.

78 **Raffet.** Parade, les Incurables. 2 p. Rares.

79 **Raimbach.** Le Commissionnaire infidèle (*The errant Boy*), d'ap. Wilkie. Sup. ép., lettre grise, sur chine. Toute marge.

80 **Robert-Fleury** (d'ap.). Le Tasse, A.-S. Onofrio. — Les Moines rançonnés. 2. p.

81 **Rolls** (Ch.). The moment of Victory, pour les membres de l'Association des Arts d'Écosse.

82 **Ryall.** S. M. la reine Victoria, d'ap. Richmond. Chine. — Autre, par Finden. 2 portraits.

83 **Smith.** Answering the advertisement, d'ap. Stephanoff. Lettre grise, Chine.

84 **Société des Amis des Arts.** Louis XIV bénissant Louis XV. — La Nymphe. — L'Horoscope de Sixte-Quint. — Les Adieux au Monde. — La Famille affligée. — Martyre de sainte Cécile. — Le Lévite d'Éphraïm. — Sapho. — Las Casas. — Mort de Roland. 10 p. Pourra être divisé.

85 **Vernet** (d'ap. Horace). Merveilleuses et Incroyables, 20 costumes en pied et coloriés, par Gatine.

86 Pasquinades, les Oies de frère Philippe, etc. 4 p. coloriées.

87 Trésor de numismatique et glyptique. 50 p.

Maisonnier 3.

Comb. 2 - 50

Parquey 10. Collet 6.50

Lannes 30

Lannes 18

Hervey 2

VIGNETTES POUR ILLUSTRATIONS

88 **Vignettes** d'ap. Eisen, Gravelot, etc. 18 p.

89 **Vignettes** pour divers ouvrages, d'ap. Marillier, Monsiau, etc. 25 p.

90 — Fables de La Fontaine. 60 vignettes sur papier vergé. In-8.

91 — Fables de La Fontaine. 12 p. de Perdoux. In-8.

92 — Fables de La Fontaine, par Susmille. 34 vignettes in-8, imprimées en bistre.

93 — Fables de La Fontaine. 12 p. d'ap. Bergeret, avec portrait. Sup. ép. tirées grand papier in-folio.

94 — Contes de La Fontaine. 95 p. grand in-8, en bistre. Ép. avant la lettre, en feuille.

95 — Contes de La Fontaine, d'ap. Hersent. 8 lithographies grand in-8. Très-belle suite, grand papier, en feuilles.

96 — Contes de La Fontaine, d'ap. Marillier. Suite complète de 8 p., grand in-8.

97 **Vignettes** pour Schiller, sur Chine, avec portrait. 9 p.

98 — pour Schiller, d'ap. Thorwaldsen et Kaulbach. 8 p.

99 — pour Don Quichotte. 22 p. d'ap. Stothard. Collection très-rare.

100 — pour Olivier Goldsmith. 7 p.

101 — pour Shakespeare. 18 p. Chine.

102 **Vignettes et portraits** sur la Révolution française, d'ap. Raffet et autres. 20 p.

103 **Vignettes** anglaises et autres. 58 p. Pourra être divisé.

104 — Anglaises, d'ap. Harding, Prout, Skelton, Stanfield, Turner, Vues de France et d'Italie. 35 p. Pourra être divisé.

105 — Vues d'Angleterre et d'Orient. 40 p.

ALBUMS, LIVRES A FIGURES

ILLUSTRATIONS ANGLAISES ET AUTRES

106 **Album** de 147 Vignettes pour les œuvres de La Fontaine, grand in-8. Contes, Fables, Psyché, etc., d.-rel. v. bleu.

107 — La Fontaine en estampes. 100 p. dans le texte. In-4, d.-rel. maroq. rouge, nerfs.

108 — Heptaméron, Contes de la reine de Navarre, suite complète de 74 p. d'ap. Freudeberg. Grand in-8, d.-rel.

109 — Fleurons pour La Fontaine, d'ap. Choffard, avec son portrait. 99 p. Grand in-8, d.-rel. mar. vert.

110 — Album de 95 p. pour les Contes de La Fontaine, par Duplessis-Bertaux. In-12, d.-rel. mar. rouge.

111 — La Fontaine. Supplément de figures par divers artistes, 43 p. In-8, d.-rel. mar. violet.

112 **Album** de 103 vignettes in-8, pour les œuvres de Béranger, d'après Bellanger, Charlet, Fragonard, Grenier, Eug. Lami, Raffet. Beau vol. gr. in-8, d.-rel. mar. brun. avec le portrait en pied de Béranger d'ap. Charlet.

[illegible]

[illegible]

[illegible] 25 [illegible]

[illegible]

[illegible] 25 [illegible]

[illegible]

~~[illegible]~~ 10 [illegible]
[illegible]

Moreau 10

113 **Album** de 132 vignettes pour Bérenger, de Granville, Raffet, etc. Grand in-8, d.-rel. maroq. brun.

114 **The Souvenir Keepsake.** 13 portraits et sujets sur acier, avec texte. In-8, percaline, tranche dorée.

115 **Keepsake illustrations,** 1828. Sans texte, 36 sujets, d.-rel. Tranche dorée.

116 **The Talisman,** or English Keepsake. 10 vues et sujets sur acier, avec texte. In-8, rel. en soie rouge, tranche dorée

117 **The Keepsake.** 16 sujets divers sur acier, avec texte. In-8, veau bleu, fers dorés sur les plats, tranche dorée.

118 **Literary Souvenir.** 25 sujets sur acier, avec texte. In-8, maroquin bleu, fers, filets, dentelle, tranche dorée.

119 **Continental annual,** 1832. Vues diverses d'ap. Prout, gravées sur acier. 13 p. avec texte. In-8, maroq. brun, fers dorés, dentelle, doré sur tranche.

120 **Landscape annual** for 1831. Vues d'Italie, gravées sur acier. 26 p. avec texte. In-8, maroq. vert, tranche dorée.

121 — for 1832. Vues d'Italie gravées sur acier. 26 ép. sur Chine. In-8, d.-rel., tranche dorée.

122 — for 1833. Vues d'Italie sur acier. 26 p. avec texte in-8. maroq. vert, fer à froid, tranche dorée.

123 — for 1834. Vues de France gravées sur acier. 20 ép. Chine. In-8, d..rel., tranche dorée.

124 **Landscape annual** for 1834. Vues de France sur acier. 26 p. avec texte. In-8, maroq. vert, tranche dorée.

125 — for 1834. Le même, maroq. violet, fers dorés sur les plats, dentelle, tranche dorée.

126 **Picturesque annual** 1832. Vues du nord de l'Italie, Tyrol, Suisse, Rhin. 26 p. gravées sur acier. maroq. bleu, fers dorés, dentelle, tranche dorée.

127 **Belgium and Nassau.** 62 vues et cartes gravées sur acier, avec texte. In-8, percaline, tranche dorée.

128 **Scotland delineated.** 4 vues par Harding, Leitch, Stanfield, etc., lithog. à deux teintes et texte, in-fol,

129 **Vues** de Londres, par Day and son, Saint-Paul, British Museum, Royal Exchange, etc. 10 p. lithog. in-fol. et coloriées. Pourra être divisé.

130 **Excursions** in Cornwall. 50 vues et cartes gravées sur acier, et texte. In-8, d.-rel.

131 — through Surrey. 46 vues gravées sur acier, avec texte. In-8, d.-rel.

132 **Vues** d'Angleterre, Écosse et Irlande. 44 feuilles in-4, contenant 89 vues sur acier, avec texte, d.-rel., tranche dorée.

133 **Gage d'amitié.** 37 feuilles, contenant 73 vues d'Angleterre sur acier, et texte. In-4, percaline, tranche dorée.

134 **Cabinet** of Modern art. 24 sujets divers avec texte, veau violet, fers à froid, tranche dorée.

...iles 6 25

135 **Royal cabinet** of art. 55 portraits, sujets et vues gravés sur acier et texte. In-8, percaline, tranche dorée.

136 **Gallery** of British art. 55 sujets divers, sur acier, et texte. In-8, percaline, tranche dorée.

137 **Gallery** of modern British Artist. 78 sujets divers sur acier et texte. In-4, percaline, tranche dorée.

138 **Fielding** art of Engraving. 10 p. de divers procédés de gravures, et texte. In-8, percaline.

139 **Heath's**. Picturesque annual, 1833. Vues du Rhin, Belgique, Hollande. 26 p. avec texte. In-8, maroq. rouge, fers et tranche dorés.

140 **The Rhine Book**, enrichi de nombreuses gravures sur bois dans le texte. In-8, avec les catalogues des tableaux des Musées d'Anvers et Bruxelles, percaline maroquinée.

141 **Martin** (Charles et Léopold). Civil costume of England, depuis la conquête jusqu'à présent, 1842. 61 costumes. In-4, colorié, percaline, tranche dorée.

142 **Saunders**. Portraits and memoirs of eminents living, political reformers. 27 portraits sur acier et texte. In-4, percaline, tranche dorée.

143 **Turner's**. Les Bords de la Loire. 21 vues gravées sur acier, avec texte. In-8, maroq. vert, filets, tranche dorée.

144 — Annual Tour, 1833. Vues de la Loire. 21 p. sur acier, ép. in-fol., d.-rel., tranche dorée.

145 — Annual Tour. Bords de la Seine. 20 vues gravées sur acier. In-8, d.-rel., tranche dorée.

146 **Picturesque** Tour of the Seine, de Paris à la mer. 27 vues et cartes coloriées, et texte. In-fol., d.-rel.

147 **Outlines** to Shakspeare's Tempest. 12 pl. au trait d'ap. Retszch, avec texte anglais, carton, toile.

148 **Illustrations** of Shakespeare. 98 feuilles sur acier et sur bois. In-8, d.-rel., tranche dorée.

149 **Byron** illustrated. 22 portraits et vignettes par Reveil, avec texte. In-8, d.-rel.

150 **The Book** of Raphaël's Cartoons. Les sept compositions de Raphaël et son portrait. 8 p. avec texte. In-8, percaline.

151 English Pearls or Portraits for the Boudoir, 10 charmants portraits de femmes sur acier, avec texte in-fol. Percaline tranche dorée.

152 The Mother's manual illustrations. 20 p. lithog. à la plume et texte in-8. Percaline rose.

153 Children of the mobility. 8 lithog. in-4, et texte d'après nature, par J. Leech. Percaline.

154 Manuscript Album, 1854, dessins à la plume de Bylandt et Addison. 40 Lithog. fac-simile, in-4. Percaline, tranche dorée.

155 The Regent Pocket Book. 1857. Figures sur acier. Maroquin rouge, tranche dorée.

156 Punch's Pocket Book. 1857. Figures. Maroquin, tranche dorée.

157 Punch's Pocket Book. 1859. Figures. Maroquin, tranche dorée.

158 Fulcher's Ladies Pocket Book. 1859. Fig. Maroq., tranche dorée.

Weigel 80 [illegible] Co

[illegible] 10

150 Marshall's Ladies Pocket Book. 1860. Fig. Maroq. rouge, tranche dorée.

160 The Cottage gardener. In-4. Figures en bois dans le texte. Percaline.

161 Molière et sa troupe, par H. A. Soleirol, vol. in-4, orné de 5 portraits, broché.

162 **Burgmaier** (Hans). Tableaux des principaux événements de la vie de l'Empereur Maximilien Ier. 237 pl. en bois, vol. petit in-fol. Vienne, 1799. Demi-rel.

163 **Chambure**. Napoléon et ses Contemporains, suite de gravures, superbes épr. avant la lettre. Chine et texte in-4. Beau vol. demi-rel. Maroquin rouge doré en tête.

164 **Delacroix** (E). Faust de Gœthe. Compositions lithog. avec texte in fol. Bel exemplaire demi-rel. Le portrait est sur Chine (très-rare).

165 **Goya**. Collection des scènes et attitudes dans les combats de taureaux. 33 planches à l'eau-forte et le portrait de l'auteur. In-fol. oblong. Madrid, 1855.

166 **Holbein**. Fig. de l'Éloge de la Folie d'Érasme, calquées sur les originaux et gravées en bois pour l'édition de 1780, à Basle, et publié en 1829. Cahier de 12 feuilles contenant plusieurs fig.

167 **Lagniet** (Jacques). Recueil des plus illustres Proverbes, premier, deuxième et troisième livres, Aneries, etc. Paris, 1637. In-4, composé de 118 pièces, parmi lesquelles se trouve une pl. composée de 12 sujets, par Brebiette. (Très-rare.)

Lagniet (Jacques). La vie de Teil Wlespiegle, natif de Saxe, patron des Matois. Paris, 1663. In-4. — Quatrième livre composé de 36 planches, très-complet, d'après Méon. Ces 154 pièces sont très-curieuses et extrêmement rares.

168 **Landon**. Vies et Œuvres des Peintres, texte et planches. Dominiquin, 3 vol. in-4.

169 — Œuvres de Raphaël. 7 volumes.

170 Histoire Universelle, avec un immense nombre de compositions. On y trouve l'assassinat d'Henri IV. Texte allemand. Nuremberg, 1726, relié en velin.

171 Le Glorie de gli incogniti o vero gli huomini illustri dell' Accademia de signori incogniti di Venetia, 1647. In-4, rel. en vélin blanc.

172 Nouvelle Méthode pour apprendre le dessin, 1740, avec figures pour modèles, entêtes et fins de pages lettres ornées. Environ 150 pièces. Vol. in-4. Veau marbré.

173 Portraits des Rois de France, de Larmessin. 65 p. vol. in-4.

174 Les illustres Français ou Tableaux historiques des grands hommes de la France. 49 planches in-fol. par Ponce, d'ap. Marillier. Carton.

175 Tableaux historiques de la Révolution française, par Berthault, d'ap. Prieur. 78 pl. et texte in-fol., demi-rel. nerf.

176 Campagnes mémorables des Français en Égypte, en Italie, en Hollande, etc., etc., jusqu'à 1815, par Roullion-Petit. 3 vol. in-fol., 66 planches avec texte. Paris, Bance, 1817. La plupart des batailles par Swebach et Carle Vernet. Cartonné.

[illegible]

[illegible] Callet 6.50

Moreau [illegible]

Vol. [illegible] 25. 50

Vol

6

Moreau 10, 5

177 Recueil de 58 portraits des Électeurs de Mayence, depuis 975 jusqu'en 1756, gravés par Rucker; vol. in-4 ; carton.

178 Recueil composé de 15 p. par un monogramiste, sujets allégoriques avec guerrier en costume d'Henri III. 7 p. rondes par C. de Pas, allégories, enfants, titre, paysages de Merian, etc., 50 p. anciennes. In-4 ; veau.

179 Modèles des drapeaux de la garde nationale parisienne, par bataillons, 30 planches coloriées, vol. in-4, veau marbre rare.

180 Recueil de 79 bas-reliefs antiques, vol. in-4.

181 Vera et accurata delineatio omnium Templorum et Cœnobiorum. Recueil de Vues de Vienne en Autriche (34), d'après Salom. Kleiner, architecte, gravées par J.-A. Pfeffel, 1724, vol. in-4.

182 Nice et ses environs, vues dessinées d'après nature, en 1812, par Louvois, gravées par Mlle Boquet, 20 pl. et texte petit folio oblong.

183 Lethaea Geognostica. Fossiles, Coquilles et autres objets d'Histoire naturelle. 48 pl. en 4 cahiers.

184 Cataloghi del Museo Campana en 12 classes, vol. grand in-4., broché.

185 Dictionnaire portatif de peinture, etc. par Dom Ant. Joseph Pernety. Paris, 1757, in-8, v. marbre.

CATALOGUES AVEC PRIX

186 **Remy et Glomy**. Tableaux, Dessins, Estampes, Sculptures, Cabinet de M. le duc de **Tallart**, 1756, avec vignette représentant la vente, d'ap. Baudoin par Huquier. Broché. (Prix.)

187 **Regnault-Delalande.** Cabinet de Tableaux, Dessins, Estampes de feu M. **Nourri**, 1785. — Cabinet **Bergeret**, 1786; cartonné. — Cabinet de **Boullongne**, 1787. — Cabinet **Brenet**, peintre, 1792. — 4 Catalogues.

188 — Catalogue raisonné d'un précieux choix de Dessins et d'une riche collection d'Estampes, etc., formant le Cabinet de **F. P. Basan** père, 1792, avec vignette et portrait, par Choffard, relié en veau racine, bel exempl. (Prix et noms des acquéreurs.)

189 — Catalogue raisonné du Cabinet **Saint-Yves**, 1805. (Prix imprimés). Carton.

190 — Tableaux, Dessins, Estampes de feu **Saint-Aubin**, graveur, 1808. (Quelques prix.)

191 — Catalogue raisonné d'Objets d'art, Estampes, Cabinet de **J.-A. Silvestre**, 1811. (Prix) D.-rel.

192 — Catal. du Cabinet de **P. Lélu**, peintre, 1811.

193 — Cat. raisonné du Cabinet de **Bruun-Neergaard**, 1814. Carton. (Prix.)

194 — Cat. du Cabinet de M. **Sinson**, 1814. — Cat. raisonné de la rare et précieuse collection d'Estampes du Cabinet de **Logette**, 1817. — 2 Catalogues.

195 — Catalogue raisonné des Estampes du cabinet du comte **Rigal**, 1817. Broché. (Prix.)

196 — Notice du Cabinet **Detaille**, 1818. — Cabinet de M. **Ivonnet**. — Cabinet **Aubert**, 1820. — Cabinet de M. **Devoix**, 1823. — Cabinet **Gounod**, 1824. (Quelques prix.) — Cabinet **Dufourny** neveu. — 6 Notices.

[illegible] 4 50

[illegible] 6.

Nicolle 4 Dubois del'Etan 27 Louvel 12

197 **Perignon**. Description des objets d'art du cabinet du baron **Denon**, 1826. — Cabinet de **Jacob de Vos**. Amsterdam, 1833. (Prix.) — Cabinet **Magnan** de **La Roquette**, 1841. — Cabinet du comte de **Bournonville**. — 4 Catalogues.

199 **Meffre aîné**. Catalogue de la belle collection de Tableaux de M. **Duval**, de Genève, avec 19 gravures 1846. (Prix.)

200 Catalogue du Cabinet **Van Hulthem**, 30,000 pièces, 1846. — Weigel, Cabinet de M. W. A. **Barth**, 1853. — Belle Collection **Weber**, 1855. — Cabinet de feu **Baumgartner**, 1856. — Collection **Artaria** et **Fontaine**. — Cabinet **Lassus**. (Prix des Estampes.) — 6 Catalogues.

201 Catalogue de la collection d'estampes anciennes provenant du cabinet de M. H. de L... (Lasalle). 1856. Broché (Prix).

PORTRAITS

De personnages célèbres, classés par Graveurs.

202 **Audran** (C.). Charles de Neufville d'Halincourt, marquis de Villeroy. In-4°. Rare.

203 **Audran** (J.). Jean d'Estrées, archevêque de Cambray et ambassadeur en Espagne, d'après Rigaud. In-fol., marge, sup. ép.

— Franç. Robert Secousse, d'ap. Rigaud. In-fol.

— Barnabé Turgot, évêque de Séez, d'après Ranc. In-fol. rare.

204 **Audran** (G.). Samuel Sorberio advivum, à Rome 1667. In-4°.

205 **Baudouin**. L.-A. de Gontaut, duc de Biron. In-fol. 1761.

206 **Beauvarlet**. Mme la comtesse ***Du Barry***, d'après *Drouais*. Superbe ép. petit in-fol. avant la lettre, belle marge, condition parfaite.

207 **Benoît**. Carlin Bertinazzi. In-8°, très-belle ép.

208 **Bernard**. Louis-le Grand, — Monseigneur (le dauphin). 2 portr. grand in-4°. Manière noire.

209 **Bernard**. Jean-Jacques Rousseau, — Buste de jeune femme, — Chiffre de la famille royale. 3 p. en traits de plume à main levée.

210 **Bordes**. Greuze, d'apr. son portrait au Musée.

211 **Bosse** (Abraham). Michel Larcher, président en la Chambre des comptes à Paris. Superbe ép. in-8°. Rare.

212 **Boulanger**. Marie-Angélique ***Arnauld***, la mère Catherine-Agnès de St-Paul ***Arnauld***, abbesses de Port-Royal. 2 portraits in-4°, marge.

213 **Bradel**. Charlotte-Geneviève-Louise-Auguste-Andrée-Timothée d'***Eon de Beaumont***, chevalier de St-Louis, capit. de dragons et plénipotentiaire en Angleterre. Très-beau et curieux portrait petit in-fol., marge.

214 **Calamatta**. Ferd.-Philippe, duc d'Orléans, prince royal, d'ap. Ingres. In-fol. Ép. sur chine, très-belle.

215 **Carmontelle** (d'après de). Durey de Bourneville. 1760. *Hilaritate*, etc., par Delafosse.
— M. le comte de Dunois, par Fessard. 1757.

[illegible] 80 E. Gin 110 [illegible] 120

[illegible] 50

[illegible] Dubois de l'Et 27

[illegible]

E. Fleury Soubinet

Carmontelle (d'après de). M. Durey de Meynières. 1760, Delafosse, *Silentio*.
— M. Trudaine, tenant un registre, 1761.
— La malheureuse famille Calas.

216 **Cars**. Jean de Bonneguise, évêque d'Arras. In-f°.

217 **Cathelin**. J.-M. Terray, contrôleur des finances et ordonnateur des bâtiments. In-fol., d'ap. Roslin.

218 **Chereau** LE JEUNE. Mme de ***Prie*** tenant un oiseau, d'ap. Vanloo. Grand in-4°.

219 — Le même, contre-épreuve d'un dessin du temps. Crayons noir et rouge. Même grandeur.

220 **Chereau** (J.). J.-Aug. de Thou. In-4°.

221 **Chereau** (F.). A. H., cardinal de Fleury. In-fol.
— Andoche Pernot, abbé de Cîteaux. In-fol.
— J.-B.-L. Picon, intendant en Roussillon. In-fol. Ces trois portraits sont d'ap. Rigaud.

222 **Chevillet**. Buffon, d'après Drouais. Beau portr. in-4°. Superbe ép. avant la lettre.
— Le même, très-belle ép. avec la lettre.

223 **Chevillet**. Choiseul-Gouffier, d'ap. Trinquesse. In-fol.
— Lenoir, d'ap. Greuze. Petit in-fol.

224 **Chodoviecky**. 1768. Les adieux de Calas à sa famille.

225 **Cochin** (par et d'après). Duclos, Gros, Laplace, Lemesle, Marin, Marigny, Massé, Prault, Rigoley, Rohan, Seguier, Slodtz, Tristan, Turenne, etc. 20 portraits in-4°. Seront divisés.

226 **Colin** (J.). *Fecit Remi*, 1671. Michel Larcher, marquis d'Olizi, sénéchal de Vermandois. In-fol. Rare.

227 **Couuay**. Nicolas Sevin à 54 ans. In-4° d'après Van Mol.

— Le même avant toute lettre.

228 **Coypel**. J.-A. de Maroulle. In-4°.

229 **Dagoty** (G.). Mme de ***Grafigny***. In-4°. Manière noire.

230 **Daret**. Tristan l'Hermite, gentilhomme de la Marche. In-4.

231 **Daullé**. Louis XV étant jeune, d'ap. Lemoine. Très-belle ép. petit in-fol. Marge.

232 **Daullé**. Mlle ***Pélissier***, d'ap. Drouais. Portrait in-fol. Chez Drouais.

— Geoffroy Macé-Camus de Pont-Carré, président du parlement de Normandie. In-4. D'ap. Sixe.

233 **Delaunay**. Armand-Jérôme Bignon, bibliothécaire académicien. In-fol. D'ap. Drouais.

234 **Delaunay**. J.-J.-B. Albouy-Dazincourt. In-8.

235 **Drevet**. Cardinal Dubois, d'ap. Rigaud. In-fol. Marge.

236 **Drevet**. N. Boileau-Despréaux, à mi-corps, d'après Rigaud. Très-belle ép. in-fol. Grande marge.

237 — Fénelon, d'après Vivien. In-4. Très-belle épr. Rare.

238 — Adrienne ***Lecouvreur***. In-fol. d'ap. Coypel. Très-belle.

239 — M. de Tressan, archevêque de Rouen, aux pieds de la Vierge. Superbe ép. avant la lettre. Pièce connue sous le nom du grand bréviaire.

240 **Drevet**. Charles Montagu. Earl of Halifax, d'ap. Kneller; il fut ministre de Guillaume III, roi d'Angleterre. Superbe ép. avant la lettre. Marge.

Hennet —

Béranger 15

Bossange 50

241 **Drevet**. Arnold de Ville, inventeur de la machine de Marly. In-4. D'ap. Santerre.

✱ B.-H. de Fourcy, abbé de St-Vandrille. In-f°.

— Pierre Gillet, doyen des procureurs. In-fol.

— L. Legendre, chanoine, historien. In-4.

— J.-F. Paul de Bonne de Créquy, duc de Lesdiguières. Petit in-fol. à mi-corps. Marge.

✱ Claude Lepeletier, ministre. In-fol. D'après Mignard.

— F. de Mailly, archevêque de Reims. In-fol.

— Oronce Finé de Brianville. In-fol.

✱ Gaston de Rohan, cardinal. In-fol.

Ces 9 portraits seront divisés.

242 **Dupin**. Ch.-Ph., comte d'Artois, colonel des Suisses, d'ap. Hall. Charmant portrait in-4. Superbe ép. avec l'emblème de la Vérité à droite, et sans les adresses.

243 **Edelinck** (J). Marie de l'Incarnation. In-4.

244 **Edelinck** (N). A. Houdart de la Mothe, académicien. In-4.

— Jacques de Tourreil, académicien. In-4.

245 **Edelinck** (G.). Nic. Blampignon, d'ap. Vivien, in-fol.

— P. de Carcavy, bibliothécaire, d'ap. Tetelin. In-fol.

— Ant. Furetière, d'ap. de Sève. In-fol., très-belle ép.

— André Hameau, d'ap. Vivien. In-fol.

— Louis XIV. Buste entouré de figures allégoriques. In-fol.

— A. Jule de Noailles, maréchal. Très-belle ép.

Édelinck (G.). J.-Ch. Parent, peintre de Bruxelles, d'après Tortebat.

— N. Parfait, abbé de Bouzonville, chanoine. In-fol.

— Remy du Laury, d'ap. Van Oost. In-fol.

— Paul Tallemant, académicien, d'ap. Coypel. In-fol.

Ces 10 portraits seront divisés.

246 **Édelinck** (G.). Bossuet. R. D. 156. Très-belle ép. 1er état. Marge.

247 **Édelinck** (G.). Blaise Pascal. In-fol. Très-belle ép. rare.

248 **Fessard**. Dorat, médaillon soutenu par une Muse entourée d'Amours, richement entouré d'attributs. In-4. Superbe ép.

249 **Ficquet**. De Chenevière, poète. 1re ép. avec le mot *Cincere*.

250 — Corneille, — Descartes, — Lafontaine, au ruisseau blanc. Seront divisés.

251 **Ficquet**. Lafontaine. Superbe ép. in-8, avec le ruisseau blanc.

252 **Fiesinger**. Robespierre. In-8, d'ap. Guérin. Ancienne ép. avec marge.

253 **Firens**. Henri IV, sa femme, le Pape et autres à genoux. Titre de l'Institution catholique. In-4.

254 **Folkema**. Maria Varlet, évêque de Babylone, in-4. Sup. ép. Marge.

255 **Gantrel**. Cl.-F. Menestrier, jésuite. 1687. In-fol.

256 **Gaucher** (C.-E.). Jean Benjamin Laborde. Sup. ép. d'un charmant petit portrait ovale, d'ap. du Rameau. In-8. Toute marge. Rare.

[illegible] Labrousse 5

[illegible] 4.25.

[illegible] 15.

[illegible] 2.

Merlin. 3

Bellamont 2

M. 6. Dubois 20. Gel. 3. Hardouin 3

Labrousse 3 [illegible]

Hennot

Lemire 17

Gel. 3

Saubinet

257 **Gaultier** (L). Catherine de Bourbon.
— N. Faber, percepteur de Louis XIII.
— François II, roi de France.
— Henri IV, roi de France.
— Nicolas de Heere, doyen de St-Aignan.
— G. Le Gangneur. Rogné à l'ovale.
— Ch. de Lorraine, duc de Mayenne.
— Papire Masson, avocat.
— Duplessis Mornay. In-4.
— La duchesse de Nemours. Très-belle.
— Cardinal d'Ossat. In-4.
— Etienne Pasquier à 87 ans.
Ces 12 portraits seront divisés.

258 **Geille**. Général Lafayette. Sup. ép. Chine, in-fol. Lettre grise.

259 **Godefroy**. Mme Barbier Walbonne, élève de Garat. Sup. ép. du 1er prix de gravure donné à la première planche de Godefroy, et origine des récompenses données en France à la gravure, sur Chine, grand in-4.

260 **Grignon**. Portrait d'évêque. In-fol.

261 **Habert**. Joseph-Dominique Arlequin. Très-belle ép. in-4.

262 **Habert**. Molière, d'ap. Mignard. In-4.

263 **Habert**. Ch. de Lagrange, chanoine, — J.-B. Santeuil. 2 portraits in-4.

264 — J. de Launoy, — H. du Hamel, — Lucas Fermanel, — P. Floriot, — Anne Hameau, prieure de St-Louis, — Le Tellier, archev. de Reims, — Félix Vialart. 7 portr. in-4. Sera divisé.

265 **Hainzelman**. Cl. Le Peletier, contrôleur des finances. Sup. ép. Adresse à Paris, sur le Petit Pont. — 2e état, chez Jollain l'aîné, 2 p. in 4.

266 **Horthemels**. François Gaultier, abbé de Savigny. In-fol. d'ap. S. Belle.

— Henri de Thiard, cardinal de Bissy, évêque de Meaux. In-fol. D'ap. Rigaud. Marge.

267 **Huret** (G.). Le Dauphin enfant. In-4, très-belle ép.

— Jean de Saint-Bonnet de Toiras. In-4.

268 **Ingouf** (le Jeune). De Sartine, lieutenant-général de police. In-8, sup. ép., marge. Rare.

269 **Ingouf** (P.-C.) 1770. Albert de Luynes, duc de Chevreuse. Petit in-fo, d'ap. Guillet.

270 **Jeaurat**. 1716. A. Fauvel, prêtre de Paris. In-8.

271 **Joullain** (F.). Ch. Rivière Dufresny, d'ap. Coypel, 1724. Sup. ép. in-4. Marge.

272 **Kussel** (M.). Léopold, empereur, étant jeune. Petit in-fol.

273 **Lalive de Jully** (A.-L. de). Son portrait, in-4, d'ap. Cochin, profil.

274 **Landry**. G. de Reny d'Arbouze, évêque de Clermont, d'ap Jacquard. In-fol. Sup ép.

— Math. Orlandus carmelite, ad vivum. In-fol.

275 **Larmessin** (de). Henri-Jules de Bourbon, duc d'Enghein. — Ch.-H. d'Albert, duc de Chevreuse. — J.-B. Colbert. — Ch. Colbert de Croissy. — F. de Harlay-Chanvallon, archevêque. — Humières. — G. de Lamoignon. — Comte de Lorges. — Louis, grand dauphin. — Michel Le Tellier. — Louvois, 2 différents. — Comte de Lude. — Montausier. — Potier, duc de Tresme. — H. de Sennetère. — Louis, cardinal de Vendôme, etc. 19 p. in-4. Seront divisés.

[illegible] Fremont – [illegible]

[illegible]

[illegible] Martin [illegible] E. Jim 10.

[illegible] Bretton Laures 3.
[illegible] Henri [illegible]

Lauros 5 —
in [illegible]

Hortense 3 —
Berenger 6
[illegible] 3 [illegible]

La [illegible] 5

276 **Lasne** (Michel). Nicolas de Bailleul, chancelier de la reine. In-fol.

— F. de Bassompierre. In-fol.

— F. Jacques Doublet, abbé de St-Denis. In-4.

— Du Perron, cardinal (Denizot). In-fol.

— Michel Ferrand, conseiller au parlement. In-4.

— Sébastien Hardy, receveur des tailles du Mans. In-4.

— Père Leonard Parisien, capucin. In-4.

— Michel Le Tellier, conseiller ministre. In-fol.

— Louis, s[r] de Maine, baron de Chabans. In-4. Marge.

— Pierre Malier de Monharville. In-fol.

— De Mesmes, président. In-fol.

— Siméon de Muis d'Orléans. In-fol.

— Nicolas de Neufville de Villeroy. In-8. Très-belle ép.

— Cl. Regnauldin, procureur général. In-fol.

— Jean de S. Bonnet de Toyras, maréchal. In-fol.

— Pierre Seguier, président. In-4. Très-belle ép.

— H. Sponde, évêque de Pamiers. In-fol.

— Strozzi, d'ap. Simon Vouet. In-4.

— Claude Thuet, prêtre vénérable. In-4.

— Verdun, président du parlement de Paris et Toulouse. In-4.

Ces 20 portraits seront divisés.

277 **Le Febve** (N.). Jean d'Ennetières, chev., seign. du Maisnil; célèbre astronome. In-8. Très-rare.

278 **Lefevre.** Général Foy, d'ap. H. Vernet. Sup. ép. Chine, in-fol. avant la lettre. Toute marge.

279 **Lenfant** (J.). Etienne Baudrand, d'ap. Dieu. In-fol.

— F. du Tillet, ad vivum. 1663. In-fol.

— Ed. de Fieux, marquis de Muis, ad vivum. 1667. In-fol.

— J. Armand de Biscaras, ad vivum. 1670. In-f°.

280 **Lépicié**. Cath. ***de Seine***, épouse Dufresne, d'ap. Aved. In-fol. Ép. avant l'adresse ; — la même avec, chez de Larmessin. 2 p.

281 **Leu** (Thomas de). Ch. de Bourbon, comte de Soissons.

— Conti, François de Bourbon.

— Conti, Louise de Lorraine.

— François de Valois, dauphin.

— Henri III, roi de France et de Pologne.

— Anne, duc de Joyeuse, amiral.

— J.-L. de Nogaret de la Valette d'Espernon.

✱ Charles de Lorraine.

— Ph.-Em. de Lorraine, duc de Mercœur.

— Etienne Pasquier.

— J. Passerat à 64 ans.

— Petrus Pigreus (Pierre Pigray), premier chirurgien de Henri IV.

Ces 12 portraits seront divisés.

282 **Levachez**. Barrère, Charrier, Daude, Demeunier, Destagnol, Deymar, de Walchretien, Dubuisson d'Artois, Dufresne d'Alençon, Dumouriez, Dustout St-Michel, La Lande, Lapoule. Larchevèque-Thibaut, Leclerc, Le Pelletier, Levassor, Marsanne, comte et vicomte de Mirabeau, Montagut, Montmorency, Mougins, maire et curé, Pe-

2,25

rier, Populus, Poulain de Corbion de Nantes, Poultier, Rigouard, Target, Thibault, Treilhard, Vadiers, Vaillant d'Arras, Valète de Tours, Vallet, Verdet de Nancy, Verguet, Vernier, Voidel. 40 portr. in-4. Toute marge. Pourra être divisé.

283 **Liotard** (J.-E.). René Hérault, conseiller d'État, lieutenant-général de police. In-fol. très-rare.

284 **Lochon**. Cl. Le Prestre. — L. Messier. — Tussanus. Rose. — Vignerod et autres. 6 portraits in-fol.

285 **Lombard**. Ant. de Grammont, maréchal.
— Ch., duc de la Vieuville, d'ap. Dieu.
— Gabriel Chassebras de la Grand'maison.
— Pierre Maissat, conseiller.

286 **Marcenay** (de). B.-G. Sage, académicien. In-8. Très-belle.

287 **Masson** (A.). Louis Abelly, évêque de Rodez. R. D. 8.
— Jacques-Nicolas Colbert, abbé du Bec. R. D. 19.
— L. Verjus, comte de Crécy. R. D. 23.
— Marie de Lorraine, duchesse de Guise. R. D. 32.
— Nicolas de Lamoignon, comte de Courson. R. D. 39.
— Olivier Lefèvre d'Ormesson. R. D. 58.
— Perefixe, archev. de Paris. R. D. 61. 1er état.
— Isaac-Louis Lemaistre de Sacy. R. D. 64. In-8. Superbe.
Ces 8 portraits seront divisés.

288 **Miger**. Joseph Caillot, acteur. In-4. Très-belle ép. toute marge.

289 **Mellan** (Claude). Victor Le Bouthillier, archev. de Tours. In-fol.
✱ Armand de Bourbon-Conti. In-fol.
— Claude Fabri de Peiresc. In-4.
+ Foucquet, ministre. In-fol. 1660.
— P. Gassendi. In-4.
— Habert, vénérable sœur Françoise. In-8.
— Habert de Montmor (Jean). In-fol. superbe.
— Habert de Montmor (Henri-Louis). In-fol.
+ Henriette-Marie de Buade-Frontenac, son épouse.
— Lévi Ventadour, archevêque de Bourges.
✱ Longueil, président Maison.
— Mazarin, cardinal. Très-belle ép.
+ Henri de Mesmes, président.
+ De Nesmond, président. Très-belle ép. Marge.
— De Perefixe, archevêque de Paris.
+ Philaras, savant. 1er état avant la planche coupée.
+ Claude de Rebe, archev. de Narbonne.
— Cardinal de Retz.
— Cardinal de Richelieu. Très-belle ép.
— J. de S. Bonnet de Toiras.
✱ Pierre Seguier, chancelier.
— Abel Servient. In-4.
— Philippe Theobald, carme. In-8. Marge.
— François de Villemonté, évêque de St-Malo.
✱ Saint Ignace de Loyola à genoux.
Ces 25 portraits seront divisés.

290 **Moitte**. Henri-Philippe Chauvelin. In-fol.
— Ch.-J. François Henault, d'ap. St-Aubin. In-fo.

Levy 1.50 Le 2

les 4 portraits 5.

Levy 1.

Hemmel

Hemmet

Levy 1.

Hemmel Levy 1.50

[illegible]

[illegible]

[illegible]

[illegible]

E. Fleury

E. Fleury

291 **Moncornet.** Henri de Bourbon, duc d'Enghein, à cheval. In-4. Superbe ép.

292 **Montaigne** (N. de Plate). P. cardinal de Berule. In-fol.

293 **Moreau** LE JEUNE, 1770. Papillon de la Feité, intendant et contrôleur général. In-4.

294 **Morin.** Th. Brachet de la Milletière, conseiller, d'ap. Ph. de Champagne. Très-belle ép. R. D. 48.

295 **Morin.** Saint Charles Borromée, archevêque. R. D. 45.

— Jacques-Auguste de Thou. R. D. 79.

— Jacques Tubeuf. R. D. 80.

— Nicolas de Neuville-Villeroy. R. D. 87.

Ces 4 portraits seront divisés.

296 **Moyreau.** Louis-Gaston Fleuriau d'Armenonville et Nicolas-Joseph de Paris, évêques. In-4. Très-rare.

297 **Nanteuil** (R.). François de Vendôme, duc de Beaufort. R. D. 33. Très-belle ép. La bordure ornementée est coupée, avec chez Leblond.

298 **Nanteuil.** César d'Estrées, évêque de Laon. R. D. 92.

— Denis de la Barde, évêque de Saint-Brieuc. R. D. 115.

— Michel Larcher. R. D. 122.

— Ch.-Maurice Letellier, abbé de Lagny. R. D. 139.

— Cardinal Mazarin dans sa galerie des antiques. R. D. 185.

Ces 5 portraits seront divisés.

299 **Nanteuil**. Lamothe Levayer, conseiller (143). — Scudéri (221). Belle ép.

300 **Nattier** (d'ap). L'air, Mme Adélaïde. — La terre, Mme Louise-Elisabeth. — Le feu, Mme Marie-Henriette. — L'eau, Mme Marie. L. Th. Victoire. 4 portr. in-fol. en travers.

301 **Negges**. Les quatre Filles de Louis XV. In-fol. en travers, d'après Nattier, sous la figure des Éléments. 4 p. Manière noire.

302 **Pannier** ***Marie-Stuart***, âgée de 38 ans, d'après un portrait du temps, sur bois, dans la collection du prince Al. Labanoff. Sup. ép. sur chine.

303 **Pas** (Crispin de). Henri IV, roi de France. In-8.

304 **Pass** (Simon de). Henri IV et Marie de Médicis. Médaillon ovale imprimé d'une plaque d'argent dont le revers est les armes accolées, entourées des colliers de saint-Michel et du Saint-Esprit. Sup. ép.

305 **Petit**. Marie-Gabrielle de la Fontaine Solare de la Boissière, d'après *La Tour*. Très-belle ép.

306 **Picart** (J.). R. P. Ange de Joyeuse, capucin, in-8.

— Henri de Sourdis, archevêque de Bordeaux. Sup. ép.

307 **Picart** (Étienne). Nicolas Colbert, évêque de Luçon, d'ap. Paillet. Très-belle ép.

— L. Godefroi comte d'Estrade.

— L. du Bouexic de la Chapelle, conseiller au parlement de Bretagne.

— Nicolas de Lamoignon de Basville.

Louis 5

Levy 6.

Boringe 12.50 Bereng 3

Picart (Étienne). Jacques le Cornier, s[r] de Sainte-Hélène.

— François Tallemant, abbé de Va'chretien, premier aumônier de Madame. Très-belle ép., marge.

— Port, anonyme, homme de robe.

Ces 7 portraits seront divisés.

308 **Pitau** (N.). Th. Bignon, maître des requêtes, d'ap. Champagne.

— P. de Camboult de Coislin, évêque d'Orléans.

— J. Favier du Boulay, maître des requêtes, d'ap. Champagne. Très-belle ép.

— Gaspard de Fieubet, chancelier de la reine.

— H.-L. Habert de Montmort, d'ap. Champagne.

— Camille de Lilly, antiquaire et bibliothécaire du duc de Nevers et Cardinal Mazarin, d'ap. Daret.

— Alex. Petau, conseiller au Parlement.

Ces 7 portraits seront divisés.

309 **Poilly** (N. de). Jacques Amelot, marquis de Mauregard.

— Mad. de Prie de la Motte-Houdancourt.

— Pierre Le Moine, jésuite.

— Nicolas-Edouard Olier, grand audiencier.

310 **Pompadour**. Jacquot, tambour-major du régiment du Roy, en 1753. Sup. ép., marge.

311 **Ragot**. Charles de l'Aubespine, garde-des-sceaux, d'ap, Dumonstier. Grand in-4.

312 **Regnesson**. Marc de Wlson, chevalier de la Colombière. Petit in-fol.

313 **Robert** (Léopold), L. M. Ad. de Penthièvre, duchesse d'Orléans, d'ap. David. (C'est le portrait de madame David, femme du peintre.) Belle ép., Toute marge.

314 **Roullet** (L.). Dame Cath. ***Touchelée***, femme de M. Hilaire Clément et de Antoine Le Riche, in-4, d'ap. Cotelle, 1682.

— Camille Letellier, abbé de Louvois, bibliothécaire, in-fol., d'ap. Largillière, 1697.

315 **Rousselle**. J.-B. Gault de l'Oratoire, évêque de Marseille, in-4.

316 **Rousselet**. J.-F.-P. de Gondi, cardinal de Retz, d'ap. Champagne. In-fol.

317 **Saint-Aubin**. G. Coustou, de Brosses, Fenouillot de Falbaire de Quingey, Mad. Heineke, Lamotte Piquet, Languet de Gergy, Morand, Pommier, Raynal. 10 portraits in-4.

318 **Sarrabat**. Pierre de la Roche et son ami Tournière. In-fol.

319 **Schuppen** (Van). Louvois, d'ap. Lefébure. In-fol.

✗ Pierre de Marca, archevêque, d'ap. Vanloo.

— Pierre Mercier, général des ordres de la Trinité et Rédeption des captifs. In-fol.

— P. de Monchy, de l'Oratoire. grand in-4.

— Ph. Marquis de Nerestang. Petit in-fol.

— F. Pinsson, avocat, *ad vivum*. Petit in-fol.

✗ Fr. Pithou. — P. Pithou. 2 port. Petit in-fol.

— Louis de Pontis, d'ap. Champagne. In-8.

— Gaspard Thaumasius, avocat, 1694. Petit in-fol. auteur de l'Histoire du Berry. Ép. avec la tablette blanche.

[illegible]

Crillon 5 Deserm[illegible] 11
Crillon

Olivier 6

Martin 2 2[illegible]

Ed. Fleury —
1 ou deux

[illegible]ouel 8

Schuppen (Van). Le même, avec trois lignes de la tablette,
— Louis Thomassin de l'Oratoire. In-fol.
— Jean Verjus, théologien. In-4, marge.
Ces 12 portraits seront divisés.

320 **Sichem** (Ch. Van). Petit à petit. In-4. Rare.

321 **Simonneau.** Fr. Berton de Crillon, archevêque de Vienne. In-fol.
— Sébastien Lenain de Tillemont. In-4.
— Nicolas Mesnager, d'ap. Rigaud.

322 **Spirinx.** F. de la Motte le Vayer. In-fol.

323 **Surugue.** ***Silvia***, célèbre actrice. In-fol., d'ap. de La Tour.

324 **Tardieu** (Alexandre). Henri IV en pied, avant la lettre. — En buste. 2 p. in-4, d'ap. Pourbus.

325 **Teucher.** Paul Galluccio l'Hôpital, marquis de Chateauneuf, in-fol., d'ap. Tocqué.

326 **Thomassin.** J.-P. Bignon, abbé de Saint-Quentin. Petit in-fol. 1er état, 47. — 2e *ætatis*, 48. 2 p.
— L.-A. de Bourbon, duc du Maine. In-4, marge.
— Thomas Corneille. 1er état, 1700. — 2e état, la figure retouchée, 1708. 2 p.
— Fr. Hebert, évêque. Petit in-fol.
— J. Lizot, archiprêtre. Petit in-fol.
— J. Antoine de Maroulle, in-fol., d'ap. Coypel.
Ces 8 portraits seront divisés.

327 **Walker.** Rev. Archibald Alison. Ep. sur chine *proof*.

328 — General Alex. Hope, d'ap. Lawrence, 1810. Sup. ép., lettre grise, fol., toute marge.

329 **Walker.** Henri Raeburn, peintre, *proof.* Sup. ép. chine, toute marge.

330 — Walter Scott, *proof.* Sup. ép. chine, toute marge.

331 — Le même, avec la lettre sur blanc.

332 **Vallée.** J. F. Savary, d'ap. de Troy. In-fol.
— La Dame au nègre, d'ap. Rigaud.

333 **Vallet** (G.). L. de Gonzague, duc de Nevers et de Rethel. Petit in-fol.
— L. Ant. de Noailles. In-fol.

334 **Vallet** (Pierre), 1608. Son portrait par lui-même. In-4.

335 **Vermeulen.** Ant. de Courtin. In-4.
— J. Chrisostôme Teniers, abbé. In-4.
✳ Anne-Marie-Louise d'Orléans, duchesse de ***Montpensier***, d'ap. Rigaud. In-fol.
— Jacques Sirmond, jésuite. In-fol.

336 **Vorsterman.** Jacques Callot, graveur, d'ap. Van Dyck. Très-belle ép. avec G. H.

337 **Vorsterman** (L.). Constantin Huygens. Très-belle ép., d'ap. J. Livius. *Martin van den Enden.*

338 **Watelet** (Cl. H.). Son portrait, profil, in-4, d'ap. Cochin.

339 — D'Alembert. — Brunet de Neuilly. — Chastre de Neuilly. — De Chevert. — Clairaut. — Dodart. — Hurson. — Sarrau. — Sommery. — Turgot. — De Vallière. — Valogni. — Villeneuve. — Vence, avant et avec les armes. 15 portraits, profils, in-4, d'après Cochin.

340 **Wierix** (Jérôme). Henri III, très-beau portrait du temps. Petit in-fol

Herbes 4. 50

Lib. 9

Margot — Sub. délit. 12
Clamart
Gel. 4.

y[illegible] 3

Herlain 2 50

Martin [illegible] la petite [illegible] 5
les [illegible] [illegible] pièces 11

E. Gim. 6. [illegible] 5

Herlain 2 50 Lachap 6.50 M. 5 50

Labrouste 3.50 Martin 3.50 M. 3.75

Oreilly 2 50 Lamotte

PORTRAITS

De célébrités, classés par noms.

341 ***Bourbon*** (Louis de). Soissons. In-8 et in-4, du temps. 3 p.

342 ***Charette*** (Général), avant son exécution. In-4.

343 ***Charles IX*** en pied dans une niche de riche architecture. In-fol.

344 ***Charlotte*** de Bavière, dauphine, in-4.

345 ***Chesnau*** (Henri), in-4, par Lepautre.

346 ***Colardeau***, académicien, in-4, sanguine.

347 ***Conti*** (la princesse de), in-4. Manière noire.

348 ***Du Barry*** (Madame), in-fol, Wattson, d'ap. Drouais.

349 ***Du Barry*** (Madame la comtesse). Médaillon entouré de lys et de roses, joli portrait anonyme. Très-belle ép., grand in 8, toute marge.

350 ***Faure*** (C.), chanoine, in-8, Nanteuil, Couvay, in-4, Mellan. 3 p.

351 ***Galigai*** (Léonora), femme du maréchal d'Ancre, par François. In-8 ; épr., marge.

352 ***Guyon*** (Mme J.-Marie Bouvières de la Mothe). In-8, par Aubert, très-belle épr., rare.

353 ***Latude*** (Henri Masers de), à mi-corps, la main sur son échelle et montrant au fond la démolition de la Bastille. C'est le plus beau portrait du personnage. In-fol., toute marge (peint et gravé par Vestier).

354 ***Louise*** de France (Madame), carmélite. In-8.

355 ***Harlay*** (Catherine de). — Nicolas de — seigneur de Sancy. — Marie Moreau. — Ferd. de Neuville ; 5 p.

356 ***Henri*** de Valois III, roi de France et de Pologne ; en pied, en manteau. Rare.

357 ***Henri IV*** en buste et à cheval. 8 p.

358 — A cheval, sur son tombeau. 2 p., manière noire.

359 ***Hue*** de Miroménil, par Benoît, Hubert, Prévot 3 p.

360 ***La Coste***, escroc, au poteau, en pied. In-fol., très–rare.

361 ***Lafosse*** (Anne Chartier, dame), guérie miraculeusement ; au fond, la vue de Notre-Dame. Elle est en pied, un cierge à la main.

362 ***Lamoignon*** (Guil. de), chancelier. 2 p.

363 ***Larochefoucauld*** (Cardinal de), sur son lit de mort. Belle pièce avec texte en typographie, rare.

364 ***Latremoille*** (H.-C.), prince de Tarente. In-f°.

365 ***Lavalière*** (Mlle Marie de). In-4.

366 ***Louis XIV*** enfant. — Louis XIV et sa femme. Dessin à la plume, 2 p.

367 ***Louis XV*** étant jeune. — Son couronnement à Reims. Chez Chiquet, 3 p.

368 ***Marat*** assassiné sur un canapé, par Schiavonetti. Belle pièce en bistre.

369 ***Marie*** de Médicis, 2 port. In-8. Marie-Thérèse. In-4, 3 p.

370 ***Mazarin***. In-8. Et sur un arc de triomphe, 4 p.

Gal. 15

Gilchrist 6

[illegible]

Bossange 12.50

371 **Miramion** (Mme de), par Barbery. Rognée, rare.

372 **Monluc** (Blaise de), maréchal, en pied. Rare.

373 **Napoléon Ier**, empereur. 152 portraits, sera divisé.

374 — Fac-simile d'écriture et pièces relatives. Un lot.

375 — Impératrices Joséphine et Marie-Louise. 16 p.

376 **Portraits de la Famille Impériale encadrés.**

— Le prince Jérôme en pied, lithog. par Mouilleron d'après Gigoux. Ép. Chine.

— Louis-Napoléon Bonaparte. Lithog. d'ap. nature, par Lafosse, en 1848.

— Louis-Napoléon, lithog, par Lafosse, 1852.

— Eugénie, impératrice des Français. Gravée par Pollet, d'après Vidal.

— Les trois Napoléon. Lithog. par Pauquet, rehaussé de couleur.

— L'Impératrice tenant son fils. Cadre ovale.

— Eugène, Hortense, Joseph, Louis, Lucien Bonaparte. 5 port. lithog. par Belliard et Maurin.

377 **Paris** (J.-N. de), conseiller, 2 port., et François de Paris, diacre, se promenant avec Tournus. 4 port.

378 **Provence** (Comtesse de). In-fol. Brookshaw, 1774.

379 **Quesnel** (Pasquier). In-8, in-4, in-fol., entouré des titres de tous ses ouvrages. 3 p.

380 **Rabelais** à mi-corps, titre de ses Épîtres.

381 **Reines.** — Marguerite de Valois, femme de Henri IV. Moncornet. — Marie de Médicis jeune, et par P. de Jode. 3 p.

382 ***Richelieu,*** cardinal. In-fol. et in-8, 3 p.

383 ***Robertet*** (Françoise), femme du marquis de Rostaing, en pied.

384 ***Roi de Rome,*** duc de Reichtadt, d'ap. Prud'hon, Vendramini et autres. 13 p.

385 ***Saint Evremont.*** In-4. La tête seule est terminée.

386 ***Saint Huberti*** (Mlle), profil. In-4. Chez Esnaut et Rapilly.

387 ***Voltaire*** en pied. 2, nombre de têtes sur la même feuille, Chambre du Cœur, Tombeau. 5 p.

388 **Portraits** de personnages de la Révolution avec scènes, par Duplessis Bertault, et texte. 65 p.

389 **Portraits** anglais divers. 44 p. Sera divisé.

390 — Personnages de l'Empire, Restauration, etc. 24 p.

391 — Personnages étrangers, auteurs, artistes, etc. 46 p. Sera divisé.

392 — Français de littérateurs et autres. 38 p.

393 Acteurs, Actrices et Auteurs dramatiques anglais. 30 p.

394 Portraits de divers personnages historiques. 160 portraits. Seront divisés en plusieurs lots.

12 ... 13. 50 Marigne 10 Betancourt 4 50

3. Gancourt 2 50

5.

Obtenir les valeurs

[illegible] 2

Dubois de l'Et. 10

Labrune 3 25

Labrune 13. Moreau 15

PIÈCES HISTORIQUES

COSTUMES, SUJETS CURIEUX

395 **Bonnart.** Portraits-Costumes des princes de cette époque. 20 p. coloriées du temps, curieuses pour les couleurs de costumes et rehaut d'or et d'argent pour les broderies.

396 **Daret** *ex.* Paris. — Vénus. C'est le portrait de Louis XIII, à mi-corps, vêtu en berger. 2 p.

397 **Heckenauer** (Léon). Petrus a Roskampe se regarde dans un miroir ; la mort, derrière lui, renverse l'encre sur le papier où il venait d'écrire, *Pro salute Publica*, dans un ovale entouré de vues et salles de séances. Pièce in-fol. très-curieuse.

398 **Hooghe** (R. de). Batailles d'Alexandre Farnèse en Pays-Bas. 14 p.

399 **Le Bas.** Revue de la maison du Roi au Trou d'Enfer. grande et belle p. d'ap. Le Paon.

400 **Leclerc.** La galerie de l'hôtel et le mai des Goblins, 2 p.

401 **Leleu.** Cortége du sacre de Napoléon Ier, passant devant le Tribunat. Belle ép. Marge.

402 **Luyken** (J. et C.). Massacre de la Saint-Barthélemy à Paris, en 1572. Grande pièce curieuse en deux feuilles jointes. Rare.

403 **Masquelier.** Allégories. Les vœux du peuple confirmés par la Religion, *Marie-Antoinette et Louis XVI*, d'ap. Monnet. — Les Garants de la félicité publique, ils sont prêts à entrer au temple de Mémoire, d'ap. S. Quentin. 2 p. Sup ép. toute marge.

404 **Née**· Tombeau de Jean-Paul Marat, d'après le dessin de Pillement. Sup. ép. toute marge.

405 **Pièces historiques** de la Révolution de Prud'homme. 27 p.

406 — par Girardet et Bertault. 8 p.

407 — Tableau de l'église de Billom et autres pièces sur les jésuites. 12 p.

408 — Scènes équestres, de Pluvinel. 15 p. avec marges.

409 — Ambition de la femme pour parvenir à la maîtrise par la culotte. Pièce curieuse du temps, chez Basset.

410 Le vrai Pourtraict de la bataille donnée par M. de Guise devant Dreux.

411 Vue du bombardement de la ville du Havre, en 1749. Dessiné sur les lieux par Couture l'aîné. Rare vue d'optique coloriée.

412 Cérémonie du sacre de Louis XVI, en 1775, pièce du temps coloriée, chez Gervais Lebel. Rare.

413 Costumes militaires très-anciens. Suite de 6 p. et 6 p. d'une autre suite. En tout, 12 p.

414 Métiers de Paris, Chandellier, Tanneur, etc. ; les ouvrières de Paris, coloriés. En tout, 7 p.

415 **Caricature**. Un médecin anglais allant soigner ses malades. Il tient la bourse, a des oreilles d'âne et porte la Mort qui tient ses ordonnances. Lithog. rare.

[illegible] [illegible] 3

[illegible] 10

m. 18 [illegible] 15 [illegible] 20

[illegible]

M. 24. Dubois de l'Étang 27

[illegible] 2 50. M. 2

Labrouche 2 25

Labrouche 2 90

Benoy
B. } 10.

M. S. Gil. 3

VUES

416 **Aveline** et autres. Vues de Paris, le Louvre, les Tuileries, etc. 14 p.

417 — Vues de Versailles. 24 p.

418 **Bénard** *inv.* et *sculp.*, par Permission, 1720. Rue Quinquempoix. Belle pièce rare. Vue de la rue en perspective.

419 **Bonvalet**. Portiques de l'Exposition 1806 sur l'esplanade des Invalides. Très-belle ép. in-4.

420 **Campion.** Titre des vues de Paris. Ép. en bistre. Rare.

421 **Daumont** (chez). Le grand café royal d'Alexandre, sur les boulevards de Paris. Ép. coloriée, rare.

422 **Gueroult**. Aqueduc d'Arcueil. — Maison du prince de Conty, à Issy. — Château de Cachan et une grande vue des Tuileries. 4 p. coloriées.

423 **Langlois** du pont de Larche, Abbaye de Saint-Vandrille, château de Valmont. 11 p. à l'eau-forte.

424 **Le Doux**, architecte. Plans et coupe de la maison de Mlle Guimard. Pièce rare.

425 **Marot** (J.). L'église et le cloître du Temple. 2 p.

426 — Églises des Carmes, Chartreux, Feuillants, Jésuites, La Mercy, Minimes, N.-D.-des-Champs, Sainte-Élisabeth, Saint-Étienne et Sainte-Geneviève, Saint-Eustache, Saint-Gervais, Saint-Roch, Saint-Severin, Saint-Sulpice, Palais Mazarin, etc. 22 p. Sera divisé.

427 — Hôtel de Beauvais, Arc Saint-Antoine, Amphithéâtre Place Dauphine. 3 p.

428 **Meryon**. Chevet de Notre-Dame, Pompe du pont Notre-Dame. 2 p. à l'eau-forte, toute marge.

429 **Ozanne.** Titre, Vue du Pont-Tournant, l'arche du Pont-Neuf. 3 jolies petites vues de Paris.

430 **Perelle.** Porte Saint-Martin, Invalides, Val-de-Grâce, Arsenal, Jardin-des-Plantes, etc. 7 p.

431 — D'ap. Israël, Chapelle et Bains de Bourbon-l'Archambault, Château de Bourbon-Lancy. 3 p. très-belles. Grandes marges.

432 — Vues du Colysée, Tivoli, etc. 5 p. rares.

433 — Châteaux de Ruel, Vaux, etc. 10 p.

434 — Versailles, Château, Cascades, etc. 9 p. 1re ép. Adresse de Langlois.

435 — Versailles, vues diverses. 20 p.

436 **Rigaud**. Les promenades du Luxembourg. Ancienne ép., chez Duchange et chez l'auteur.

437 **Silvestre** (Israël). Vues des petites églises de Paris, Saint-Louis, l'Arsenal. 13 p.

438 — Lyon, le Palais, les Cordeliers, etc. 4 p. sup. toute marge.

439 — Lyon, titre et suite complète des petites vues. 12 p. toute marge.

440 — Florence. 12 vues d'ap. Callot. Superbes, toute marge.

441 — Nancy. Suite de 10 p. avec titre. Sup. ép. toute marge.

442 — Rome, Églises et Stations. 11 p. toute marge.

443 — Rome et ses environs. Titre. 5 p. toute marge.

444 — Rome et ses ruines, titre, 13 p. toute marge.

445 — Église de Veuteuil, Saint-Pierre de Reims, Tonnerre, Tanlay, Avignon, etc. 11 p.

446 **Vues de Paris**, par Boisseau, Cottard, Mariette. 11 p.

447 — Le Palais-Royal, grand in-fol., Aveline, Perelle, la Galerie de bois. Pièce rare lithog., etc. 5 p.

448 — Les Saints-Innocents, Sainte-Geneviève, vues et détails. 10 p. gravées et lithog.

449 **Vues** de Paris, anciennes et modernes. 43 p.

450 — des églises de Paris. 28 p.

451 — du Château et Parc de Versailles. 31 p.

452 — Anciens châteaux d'Anet, Arcueil, Fontainebleau, Saint-Germain, Meudon, Marly, Raincy, Ruel, Verneuil, Villeroy, Viliers-Costret, Vincennes, etc. Vues et plans. 49 p. Sera divisé.

453 — Anciennes des villes de France, Beauvais, Compiégne, Coussi, Marseille, etc. Vues et plans. 13 p.

ORNEMENTS

454 **Babel**. Cartouche pour le commerce. Très-belle ép.

455 **Boucher** (d'ap.). Recueil de fontaines. 7 p. — Second livre de fontaines, gravées par Aveline. En tout 14 p. Très-belles.

456 **Charpentier** (premier et second livre de trophées, inventés par) et gravés par Huquier. 24 p. Très-belles, avec marge.

457 **Daumont**. Fleurons, culs-de-lampes avec groupes d'enfants. 8 p.

458 **Delafosse**. Quatre flambeaux. Très-riches, sur 2 feuilles. Sup. ép.

459 **Dumont** (le Romain). Livre de trophées, gravés par Blondel. 6 feuilles à deux sujets, avec titre, d'ap. Oppenort. 7 p.

460 **Lepautre.** Grottes, fontaines, thermes et autres pour l'ornement des jardins. 39 p.

461 — Vases, burettes, etc. 20 p.

462 — Fontaines et cuvettes, vases, salières. 24 p.

463 — Cartouches, ornements, trophées d'armes. 23 p.

464 — Nouveaux dessins pour orner et embellir les carrosses et chaires roulantes. 6 p.

465 — Écussons et entrées de serrures, anneaux de clefs, bordures, etc. 12 p.

466 — Sujets historiques, compositions, détails, etc. 72 p.

467 — Grands vases et fontaines monumentales. 14 p.

468 — Chiffres soutenus par des amours, sujets d'histoire sainte, grandes vues de grottes et jardins, paysages avec cadres. 22 p.

469 **Lucotte.** Orfèvrerie, vases, chandeliers, candélabres, meubles, etc. 6 p.

470 **Ranson.** Panneaux ornés de fleurs. 5 p.

ÉCOLE FRANÇAISE, XVIIIe SIÈCLE

471 **Baudouin** (d'ap.). Perrette la petite laitière, par Guttemberg.

472 — Sa taille est ravissante, jeune dame ajustant son corset, par Lebeau.
Ces 2 pièces font pendant.

Levy 2

Martin 8.50

473 **Baudouin.** Le Coucher de la Mariée, par Moreau le jeune et Simonet. Intérieur de chambre à coucher avec riche ameublement. Belle ép.

474 — La Sentinelle en défaut, par Delaunay. Belle.

475 **Borel** (d'ap.). L'Innocence en danger, par Huet. 1792. Première estampe de la Paysanne pervertie.

476 **Boucher** (d'ap.). L'Oiseau chéri, par Daullé. Belle.

477 — Les Charmes de la vie champêtre. Charmante composition. Très-belle ép. Marge.

478 — La Fécondité, par Gaillard. Très-belle épreuve, marge.

479 — L'Agréable leçon, par Gaillard. Très-belle.

480 — Le fleuve Scamandre, par Larmessin. Très-belle ép. Conte de La Fontaine.

481 — La Blessure sans danger, par Miger. Belle ép.

482 — La Belle Villageoise, par Soubeyran. Belle ép.

483 — Les Cris de Paris. 12 p. gravées par Lebas et Ravenet. Belles ép., rares, avec marge.

484 — Le Berger récompensé, par Gaillard. Très-belle ép. Marge.

485 — Pastorales, Cris de Paris, etc. 12 p.

486 — Vénus et les Amours, le Mouton favori, l'Agréable leçon, le Panier mystérieux, etc. 8 p.

487 **Chardin** (d'ap.). La Blanchisseuse, par Cochin. Très-belle ép. Marge.

488 — Le Négligé, ou Toilette du matin, par Lebas. Très-belle ép.

489 — La Gouvernante, par Lépicié. Très-belle.

490 **Chardin** (d'ap.). Le Benedicite, par Lépicié. Belle ép.

491 — La Maîtresse d'école. Charmante composition gravée par Lépicié. Belle ép.

492 — Sans-Souci, Sans-Chagrin, Jeune Fille avec raquette et volant, par Lépicié. 1742. Sup. ép. Grande marge.

493 — Le Jeu de Loye. Très-belle ép. d'une jolie piece rare, par Surugue.

494 — Les Tours de Cartes. Sup. ép., par Surugue.

495 — Étude du dessin, gravé par Lebas. Sup. ép. avec grande marge

496 — Dame prenant son thé, par Fillœul. Très-belle ép.

497 **Delorme** (d'ap.). Nécessité n'a point de loi, par Mlle Papavoine.

498 **Desrais** (d'ap.). Empire de la beauté, l'ame jouant avec son chat, par Beurlier.

499 **Fragonard** (d'ap.). Les Baisers. 2 charmantes pièces. Médaillons entourés de fleurs, gravés par Marchand. Très-belles ép.

500 **Freudeberg** (d'ap.). Le Petit Jour. Joli intérieur et costume. Superbe ép., par Delaunay.

501 **Freudeberg** (d'ap.). La Visite inattendue, par Voyez. Superbe ép. Toute marge.

502 — La Soirée d'hiver, par Ingouf. 1774. Magnifique ép. avant que la tablette soit ombrée et avant le numéro. Toute marge.

503 — Le Coucher, par Duclos et Bosse. Magnifique ép. avant la tablette ombrée et avant le numéro. Toute marge.

...a brouste 5 . 50

...l. 9

...laidmin 25 E. Ginot 12.

...ierr 2.

...uvr 4.

Gin 25

Gin 25

[illegible] 5
[illegible]

Lévy 5

Lévy 2

Lévy 2

E. Gin. 10

Lévy 4. E. Gin. 20

E. Gin 20

Labrousse 5.50 E. Gin 22 Goncourt 21

Labrousse 5.50

[illegible] Lévy 3.

Lévy 2.50

504 **Gillot**. L'Éducation, les Obsèques, Fêtes de Diane et de Faune. 4 p.

505 **Gonzalès** (d'ap.). Jeune enfant se regardant dans un miroir. Sup. ép. avant la lettre, par Macret.

506 **Greuze** (d'ap.). L'Écureuse, par Beauvarlet. Superbe ép.

507 — La Marchande de Marrons, par Beauvarlet. Sup. ép. Marge.

508 — La Petite Nanette, par Beljambe. Sup. ép.

509 — La Petite Liseuse, par Marie Boizot. Sup. ép.

510 — Le Tendre Désir, gravé par C. Superbe.

511 — La Savonneuse, par Danzel. Sup. ép. avant toute lettre. Grande Marge.

512 — La Voluptueuse, par Gaillard. Très-belle ép. avant toute lettre. Marge.

513 — La Bonne Éducation. Sup. ép. avant toute lettre, par Ingouf.

514 — Jeune Tricoteuse endormie, par Jardinier. Sup. ép. Les noms d'artistes à la pointe.

515 — Ne l'éveille pas, scène maternelle, par Cars et Jardinier. Sup. ép. avant toute lettre.

516 — L'Enfant gâté qui donne sa soupe au chien. Sup. ép. avant la lettre, par Maleuvre, sous la direction de Lebas, avec marge.

517 — La Cruche cassée, par J. Massard. 1773. Ancienne et sup. ép., signée au revers par *Greuze* et *Massard*.

518 — La Laitière, par Levasseur. Sup. ép. Fait le pendant de la précédente. Rare.

519 — Le Petit Polisson, par Levasseur. 1761.

520 **Greuze** (d'ap.). La Belle-Mère, par Levasseur.

521 — L'Enfant tenant un carlin sur ses genoux, par Porporati. Magnifique ép., avec adresse rue Thibautodé. Grande marge.

522 — Le Petit Garçon et le Chien de Terre-Neuve, par Schultze. Sup. ép. Marge.

523 — L'Amour, dédié au beau sexe, gravé par Henriquez. Marge. Rare.

524 **Grimou** (d'ap). L'Espagnolette, par Lépicié. 1740. Très-belle ép. Grande Marge.

525 **Jacob**. Le Bast, conte de La Fontaine. In-8 Sup. ép. Très-rare.

526 **Jeaurat** (d'ap.). Le Fiacre, par Pasquier.

527 **Lancret** (d'ap.). Le Midi, par Larmessin. Très-belle ép. avec marge.

528 — Les Rémois, — les Troqueurs, — les Deux Amis, — le Printemps. 4 p. par Larmessin. Pourra être divisé.

529 — Les Amours du Bocage, par Larmessin. Très-belle ép.

530 — Le Petit Chien qui secoue de l'argent, — les Oies de frère Philippe. 2 p. Contes de La Fontaine.

531 **Lavreince** (d'ap.). L'Heureux moment, par Delaunay. Joli intérieur de boudoir.

532 — Le Billet doux, par Delaunay. Belle ép.

533 — L'École de Danse, par Dequevauvillers.

534 — Le Lever des Ouvrières en modes. Eau-forte pure avant toute lettre.

535 **Le Peintre** (d'ap.). La Cage symbolique. Sup. ép. avant les trois lignes de dédicace. Toute marge.

S. Gin 30

5 . 50

2.

Labrousse 15/ Troisgousen—
224 - 231 - 232

Villestin 30

Parguy 4

Lévy 1,50

536 **Lépicié**. Le Printemps, d'ap. Rosalba.

537 **Mallet** (d'ap.). Jeune Dame sacrifiant son lait à l'Amour,—Retour trop précipité. 2 p. Très-belles, mais rognées.

538 **Moreau** le jeune (d'ap.). Les Petits Parrains. Jolie pièce par Baquoy.

539 **Oudry** (d'ap.). Fables de La Fontaine. 51 p. Plusieurs avant la lettre.

540 **Parrocel** (d'ap.). Recueil de différentes attitudes de cavaliers et de dragons. 12 p. Chez Huquier.

541 **Pater** (d'ap.). Le Plaisir de l'Été, par Surugue.

542 — Le Désir de Plaire, par Surugue. Très-belle ép. Marge.

543 **Saint-Aubin**. Vénus Anadyomène, d'ap. Titien. Belle ép. Marge.

544 — Au moins soyez discret, — Comptez sur mes serments. 2 charmantes pièces avant la lettre. Marge.

545 **Saint-Aubin** (d'ap.). Tableau des portraits à la mode, — Promenade des remparts de Paris. 2 p. par Duclos.

546 **Saint-Aubin** (d'ap.). Comparaison du bouton de rose, par Dennel.

547 **Schenau** (d'ap.). La Belle Fileuse, — l'Ouvrière en Dentelle. 2 p. par Gaillard. Belle ép. Marge.

548 **Surugue**. 1744. L'Hiver. Jolie dame en buste avec manchon. Sup. ép. Toute marge. In-4.

549 **Watteau** (d'ap.). L'Accord parfait. Belle pièce par Baron.

550 — Le Lorgneur, par Scotin. Belle ép. Marge.

551 — L'Occupation selon l'âge, par Dupuis.

552 — M. de Julienne joüant du violoncelle près de Watteau, dans un jardin. Eau-forte par Mercier? Très-rare.

553 — M. de Julienne jouant du violoncelle près de Watteau, dans un jardin, par Tardieu. Belle ép. sans marge.

554 — La Sérénade italienne, par Scotin. Belle ép.

555 — Du bel âge où les jeux remplissent vos désirs, par Moyreau. Belle ép.

556 — Suite de figures inventées par Watteau et gravées par son ami C. (Caylus). 25 p. dont titre.

557 — Gracieuses têtes, Études des compositions de Watteau, par Caylus, etc. 8 p. Très-belles ép.

558 **Watteau** fils. Costumes français, Habillements à la mode en 1787. 9 p. rares. Sup. ép.

559 **Wille** (J.-G.). Le jeune Joueur d'instrument, d'ap. Schalken. Très-belle ép.

560 Repos de la Vierge, d'ap. Dietricy, état avant la dédicace à M. de Livry. Belle ép.

561 École française. Amusement de la jeunesse, de Pater rogné. Le Bailleur. La Sybille. 3 p.

PIÈCES GRAVÉES EN COULEUR

562 **Alix**. Adam-Ph. Custine, général. Portrait ovale. Grand in-8 en couleur. Très-belle ép.

563 **Allais**, 1791 (Ang. Briceau f[e]). Mirabeau. Portrait ovale en couleur. Petit in-fol. Très-belle ép.

Mathias 15

Pargny 9.

Vatel 6

Vitis 10 Philippon 10.

Germain 11

Lesueur 5

Lesueur 5
seul

564 **Bartolozzi**. Le duc, la duchesse de Malborough et leur fils. Joli petit portrait en bistre d'ap· Shelley.

565 **Bonnet**. Jeune bergère en buste, d'ap. Boucher, dédié à Mme du Fresnay. Sanguine.

566 **Boucher** (d'ap.). Danaé, fac simile de dessin aux trois crayons.

567 — Nymphes couchées. 2 belles sanguines par Demarteau et Petit.

568 **Campion** Titre des vues de Paris, en couleur. Très-belle.

569 **Debucourt**, d'ap. Carle Vernet. Costumes militaires français et étrangers. 3 livraisons. 18 p. en couleur.

570 **Demarteau**. Vénus et deux Amours couchés sur un lit. Très-belle ép. Sanguine d'ap. Boucher.

571 **Demarteau**. Jeune fille lisant Héloïse et Abailard, d'ap. Boucher. Aux trois crayons.

572 — Jeune fille tenant une rose. Fac-simile d'ap. Boucher.

573 — Le Baiser du chien, d'après Huet. Aux trois crayons.

574 — Dame jouant de la guitare. Dédié à Mme Huet. Aux trois crayons.

575 — Le Paysan de Gandeleu (l'abbé Pommier). Sanguine.

576 **Demarteau**. Profil de Louis XV, d'ap. Clermont, de l'Académie de Reims. Fac-simile aux trois crayons.

— Jacques-Louis Radix, chanoine de Paris, d'ap. Cochin. Sanguine. In-4.

577 **François**. Jean-François Denis, trésorier des bâtiments, 1763. Avant le nom *François*. In-4. Sanguine. — Le même, avec le nom.

578 — Duguet. — Nicole. — Saverien. 3 p. pet. in-fol. Sanguine.

579 — Louis XV. — Louis-Aug., dauphin, 1765. 2 petits in-fol. Sanguine.

580 **Guyot**. La Bastille, attaque et prise. 4 p. noir et couleur.

581 **Janinet**. Brizard. — Caillot. — Préville. 3 portaits en pied, en couleur. In-4, marge. Très-belles ép.

582 — Nina, d'ap. Hoin. Gravé en couleur. Rare.

583 **Janinet** et autres. Le Palais-Impérial au moment de la parade, Place des Victoires, les Invalides, Fontaine des Innocents, la Bourse, etc. 8 p. noir et couleur.

584 **Le Beau**. Réduction in-4. Tiens, c'est mon valet Lafleur ! — C'est inconcevable. — Faites la paix. 3 pièces avec costumes d'incroyables, imprimées à la sanguine.

585 **Levachez** Jérôme ***Pétion***, député de Chartres. In-4. Sup. ép. en couleur, toute marge. Rare. — Le Chapellier, dép. de Bretagne. Le cadre bistre.

586 **Massol**. Charlotte Corday. Au bas, scène de l'assassinat. Colorié. In-8.

587 **Pasquier**, d'ap. Boucher. De trois choses en ferez-vous une ? Imprimé en couleur.

G. 8 Ollivier 6 Phelipot 4,

Mireaux 5

Herbin 4.

Louve (5) Vatel 6. O'Reilly 2.50 Toussaint 5

Cond. 24.50 Gek. 36

Vatel 10

Herlius 2

588 **Mechel** (Chr. de). Marie-Thérèse-Charlotte de France, fille du roi Louis XVI, à son passage à Basle, 1795. Charmant portrait gravé en couleur. Grand in-4. Sup. ép. Marge.

589 **Quenedey**. Delarive, acteur. Petit portrait ovale en couleur. Sup. ép. Rare.

590 **Sergent**. M. Necker. In-4, en couleur. Sup. ép.

591 — Sollicitude maternelle, et pendant. 2 p.

592 — Campion, etc. Vues de la Sainte-Chapelle, Notre-Dame, le Temple, les Enfants-Trouvés, Porte Saint-Antoine, et autres. 20 p., rondes et ovales, dont 4 en noir.

593 **Taylor**. The garland, The dove, etc. 3 jolis petits bustes de femmes, en bistre, d'ap. Shelley.

594 Réunion d'assignats. Colorié.

lot de 12 portraits, vues architecture

DESSINS

595 ANONYME. Vue du château de Boulogne. Dessin à la plume, lavé à l'encre de Chine.

596 — Vue du Palais et Jardin du Luxembourg. Aquarelle.

597 — Le Pont du Carrousel, en construction. Gouache.

598 — Murat et la reine Caroline. 2 portraits à la plume. Médaillons.

599 ANSELIN (J.-L.). Portrait, de profil, de M. le duc de Lavallière, en 1779. Il est enfant. Rond au crayon rehaussé de couleur.

600 **BAUDOIN**. Riches paysages. Pont dans une vallée. — Berger gardant ses chèvres. — Académie de dessin, en Grèce. 3 aquarelles. Pourront être divisées.

601 **CARÊME**. Groupe de deux bacchantes et un enfant dans un paysage. Jolie grisaille à l'encre, rehaussée de blanc.

602 **CHALON** (Alfred), **1839**, peintre anglais. Étude de baigneuse tordant ses cheveux. Croquis aux trois crayons.

603 **FRANÇOIS** (Paul) *inv.* et *del.*, **1861**. Chiffre, Cartouche, Armoirie, Burettes, Moutardier, et autres objets d'orfévrerie. 7 dessins inédits contenant 12 motifs.

604 **GENILLON**. Vaisseau en panne. Aquarelle.

605 **GREUZE**? L'Amour endormi. Crayon noir rehaussé de blanc sur papier bleu. Encadré.

606 **JULIEN**. La Vierge apparaît à une femme à genoux près d'un malade. A l'encre.

607 **LE CLERC** (Séb.). Alexandre et la famille de Darius. — Maladie d'Alexandre. Nombre de guerriers expriment leur désespoir. 2 charmants dessins à la sanguine, légèrement passés au carreau mine de plomb. Au bas de chaque, d'une écriture du temps, *par Séba. Le Clerc.*

608 **MARILLIER**. Moine montrant une apparition. A la sépia. — Vieille éclairant une entrevue dans une cave. A l'encre de Chine. 2 très-jolis dessins. Petit in-8.

609 **MOITTE.** Fronton du portail de l'église de la Madeleine, proportion du modèle. A l'encre.

610 **REMBRANDT.** Faustus. A la plume et lavé.

611 **SAINT-AUBIN** (Gabriel). Antoine montrant au peuple le manteau de César. Gravé dans l'Histoire romaine illustrée par Saint-Aubin. Aquarelle.

612 **WILLE** (J.-G.). Maison villageoise. A la sanguine. Signée et datée 1775.

Bis cadre ovale pastel tête de femme avec rose

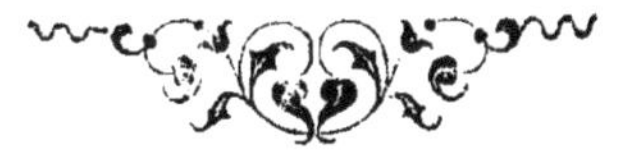

Maulde et Renou, imprimeurs de la Compagnie des Commissaires-Priseurs, rue de Rivoli 144. 9229

www.ingramcontent.com/pod-product-compliance
Ingram Content Group UK Ltd.
Pitfield, Milton Keynes, MK11 3LW, UK
UKHW020318180726
13839UKWH00001B/487